Rainer Wülser

Unsere Zukunft ist Liebe

Gedanken zu einem erfüllten und sinnvollen Leben

novum pro

Bibliografische Information
der Deutschen Nationalbibliothek:

Die Deutsche Nationalbibliothek
verzeichnet diese Publikation in
der Deutschen Nationalbibliografie.
Detaillierte bibliografische Daten
sind im Internet über
http://www.d-nb.de abrufbar.

Alle Rechte der Verbreitung,
auch durch Film, Funk und Fernsehen,
fotomechanische Wiedergabe,
Tonträger, elektronische Datenträger
und auszugsweisen Nachdruck,
sind vorbehalten.

© 2021 novum Verlag

ISBN 978-3-99107-850-0
Lektorat: L.O.
Umschlaggestaltung, Layout & Satz:
novum Verlag
Innenabbildung: Rainer Wülser

Gedruckt in der Europäischen Union
auf umweltfreundlichem, chlor- und
säurefrei gebleichtem Papier.

www.novumverlag.com

Inhalt

1. Einstimmung 7
2. Wer bin ich? 10
3. Wer oder was ist Gott? 14
4. Was will Gott von uns Menschen? 23
5. Was ist Liebe? 29
6. Das menschliche Bewusstsein 35
7. Bewusstheit und Achtsamkeit 48
8. Was ist der Sinn des Lebens? 52
9. Der Seelenauftrag 59
10. Egoismus und Verbundenheit 71
11. Liebet eure Feinde 77
12. Eigenarten der Geschlechter 84
13. Ein integrales Leben 92
14. Was ist wichtig im Leben? 97
15. Wasser predigen und Wein trinken 103
16. Anregungen für den Alltag 107
17. Abschließende Gedanken 114

1. Einstimmung

Was ist wichtig im Leben? Wie oft haben Sie sich diese Frage schon gestellt? Und zu welchen Antworten sind Sie gekommen? Klar gibt es Grundbedürfnisse, die für alle Menschen wichtig sind. Da gehören eine den persönlichen Ansprüchen entsprechende Wohnung dazu, eine kleinere oder größere Familie mit enger oder lockerer Bindung, Nahrung entsprechend den persönlichen Bedürfnissen und eine gewisse Sicherheit in der Gegenwart wie auch in der Zukunft.

Beim Beruf gehen die Ansichten wohl schon weit auseinander. Für die einen ist er ein notwendiges Übel, um den Lebensunterhalt zu verdienen und für andere ist er eine Berufung oder eine Erfüllung – ein Lebensinhalt. Mit dem Beruf ist meistens auch eine Ausbildung oder Weiterbildung verbunden, die auch wieder ein notwendiges Muss oder eine interessante Erweiterung des eigenen Horizontes sein kann. So kann der Beruf zum Lebenszweck werden.

Mit dem Beruf ist oft eine Karriere verbunden. Anforderungen und Entlohnung steigen mit den Jahren und damit kommen wird zum Lebensstandard. Die meisten Menschen möchten ein gewisses Niveau erreichen und das Leben in Wohlstand und Frieden in einer harmonischen Beziehung genießen können. Die Pflege einiger Hobbies rundet ein glückliches Leben ab.

All dies ist wichtig im Leben eines Menschen. Doch ist dies alles? Es gibt noch Wünsche und Träume materieller, gesellschaftlicher und geistiger Art, die bei vielen Menschen einen gewissen Raum einnehmen. Und dann gibt es noch die emotionale und die Herzensebene, und diese sollen das Hauptthema dieses Buches sein.

Auf der Herzensebene sind alle Menschen miteinander verbunden und ich werde in den folgenden Kapiteln Sie, als Leserin oder Leser, immer wieder direkt ansprechen und zu einer Überlegung oder einer Übung einladen und das geht viel einfacher in der Du-Form. Diese bringt auch eher die gewünschte Nähe. Ich möchte niemandem zu nahetreten oder überfordern, doch ich glaube zum Inhalt dieses Buches passt das Du besser als das Sie.

Ich möchte dir, liebe Leserin, lieber Leser, mit diesem Buch ein etwas anderes Bild von Gott und der Welt vermitteln, als das, das man in den meisten Religions- und Schulbüchern findet. Es ist ein Bild, das über viele Jahre allmählich in mir gewachsen ist und das ich jetzt noch an die Nachwelt weitergeben möchte, bevor ich abtrete. Das Spezielle an diesem Bild, das dieses Buch lesenswert macht, ist die Liebe, die *bedingungslose* Liebe, die im Zentrum des Geschehens in unserem Leben und der ganzen Schöpfung steht. Es ist mir ein Anliegen diesen verborgenen Sinn, der hinter allem steckt, in die Welt zu tragen, denn unsere Gesellschaft steht an einem Wendepunkt und es ist Zeit, dass wir uns neu orientieren.

Dieses Buch möchte eine Anregung sein, damit du dir neue Gedanken zu deinem Leben und dessen Sinn machst. Ich möchte, dass dieses Buch dir hilft, dich für eine neue, freie und liebevolle Welt zu öffnen. Im ersten Moment wird dir vielleicht einiges als fremd, absurd oder unglaubwürdig erscheinen, denn vieles in unserer Welt ist anders, als wir es in der Schule gelernt oder von älteren Generationen übernommen haben. Verurteile nicht sofort, was deinen Glaubenssätzen widerspricht. Lass diese neuen Erkenntnisse zuerst etwas auf dich wirken, bevor du ein Urteil fällst. Vielleicht braucht es einen innerlichen Verdauungsprozess, damit du die Bedeutung dieser neuen Erkenntnisse verstehen kannst.

Noch etwas ist mir wichtig gleich am Anfang des Buches zu erwähnen: „Es gibt kein *richtig* oder *falsch*!" Wir sind es in unserer Gesellschaft zwar gewohnt, alles zu bewerten und zu beurteilen und das, was nicht in unsere Überzeugung passt, zu verurteilen. Wir werden aber im Laufe dieses Buches erfahren, dass es noch ein ganz anderes Wissen gibt. Wir leben in unserem Alltag zu einem großen Teil in Illusionen und verurteilen vorschnell alles, was nicht in unsere Vorstellung passt. Jeder Mensch muss aber erkennen, was für ihn zurzeit stimmt und akzeptieren, dass es für einen anderen Menschen eine unterschiedliche Wahrheit gibt.

Alles, was uns in unserem Leben geschieht, hat auf einer höheren Ebene seinen Sinn! Niemand macht einen Fehler, den wir verurteilen müssten. Alles was wir erleben, sind Erfahrungen mit vermeintlichen Erfolgen oder Misserfolgen. Diese Misserfolge sind aber keine Verstöße gegen das Lebensethos. Wir brauchen alle diese Erfahrungen, um bei unseren Lebensthemen zu lernen und zu erkennen, wer wir wirklich sind und was uns wichtig ist. Dies ist ein zentrales Thema dieses Buches. Wir werden in mehreren Kapiteln immer wieder darauf stoßen.

2. Wer bin ich?

Die Antwort auf diese Frage ist doch ganz klar. Ich habe einen Namen, einen Vornamen und einen Nachnamen, und ich habe einen Personalausweis, mit dem ich dies ganz eindeutig beweisen kann. Etwas komplizierter ist es, wenn ich sage: „Ich bin müde", oder, „Ich weiß, dass zwei und zwei vier gibt", oder, „Ich bin glücklich". Die erste Aussage betrifft meinen Körper, die zweite meinen Verstand und die dritte meine Gefühle.

Schon René Descartes (1596–1650) hat den berühmten Satz kreiert: „Ich denke, also bin ich." Daraus ist zu schließen, dass nur wer denken kann, eine Identität hat. Ich brauche keinen Namen und mein Körper ist unwichtig, nur mein Verstand zählt. Oder vielleicht ist es eher das Bewusstsein. Um diesen Satz zu verstehen, braucht es Selbsterkenntnis und dies hat mit Bewusstsein zu tun.

Jeder Mensch hat verschiedene Seins-Ebenen. Die unterste ist der Körper, der ist bei allen Lebewesen vorhanden. Die nächste ist die Gefühlsebene zu der auch Emotionen wie Angst, Wut, glücklich oder verliebt sein gehören. Diese Ebene ist auch bei allen höheren Tieren vorhanden. Dann folgt die Verstandesebene mit dem rationalen Denken und dem Gedächtnis, in welchem Erfahrungen, die wir im Leben gemacht und gelernt haben, gespeichert werden. Oft sind wir uns zuerst bewusst, was wir erlebt haben, und mit der Zeit versinkt es ins Unterbewusstsein. Auf dieser Ebene treffen wir unsere automatischen Entscheidungen im Alltag.

Auf der Verstandesebene werden auch die angelernten Verhaltensweisen abgespeichert. Dazu gehört auch das Gehen, das wir als Kleinkind mühsam erlenen müssen, aber später aus dem Unterbewusstsein heraus automatisch funktioniert. Hierher gehören auch das Einordnen und Beurteilen von Menschen, die wir zum ersten Mal sehen. Das passiert in wenigen Sekunden je nach unseren im Unterbewusstsein gespeicherten Erfahrungen mit diesem Typus.

In der nächsten Stufe finden wir das Bewusstsein und den Willen. Aus dieser Ebene heraus handeln wir, wenn wir absichtlich vom routinemäßigen Verhalten abweichen. Dies geschieht zum Beispiel, wenn wir uns bewusst anders bewegen als üblich (der Wille beherrscht den Körper) oder wenn wir jemandem gegenüber höflich sind, obwohl er uns im ersten Moment unsympathisch war. Auch unser Verstand kann von unserem Bewusstsein beherrscht werden, zum Beispiel wenn wir uns zwingen etwas zu lesen, das uns eigentlich gar nicht interessiert.

Auf welcher Ebene lebst du am häufigsten? Wenn du Lust hast, kannst du einmal die folgende, meditative Übung machen: Du suchst dir einen ruhigen Platz, wo du für mindestens eine Viertelstunde nicht gestört wirst. Setze dich mit geradem Rücken auf einen Stuhl, schließe die Augen und beobachte deinen Atem, wie er in dich hinein- und wieder hinausströmt. Wenn du ein anderes Meditationsritual hast, um zu dir selber zu kommen, ist dies auch gut.

Wenn du in eine innere Ruhe gekommen bist, so stelle dir im Abstand von einigen Minuten die folgenden Fragen und schaue, welche Antworten du in deinem Inneren erhältst:
- Ich habe einen Körper, aber bin ich mein Körper?
- Ich habe Gefühle, aber bin ich meine Gefühle?
- Ich habe einen Verstand, aber bin ich mein Verstand?
- Ich habe ein Bewusstsein, aber bin ich mein Bewusstsein?
- Was bin ich dann?

Spüre in dich hinein, ob da etwas entsteht und ob du es irgendwie benennen kannst. Dann konzentrierst du dich allmählich wieder auf deinen Atem; spürst, wie du dein Gewicht auf den Stuhl und auf den Boden abgibst. Du erinnerst dich wieder an dein Umfeld, kommst langsam wieder zurück in die Gegenwart und öffnest deine Augen. Schreibe auf ein Stück Papier, wie es dir in dieser Meditation ergangen ist. Wenn du ungeübt bist im Meditieren, kannst du vielleicht einen anderen Menschen bitten, dich durch diese Meditation zu führen.

Diese Übung kann dich zu noch anderen, höheren Identifikationsebenen führen. Diese können wir zwar mit unserem Verstand nicht beweisen, aber mit unserem Bewusstsein erahnen. Viele nennen diese Ebenen Überbewusstsein oder geistige Welt. Irgendwie kennen die meisten von uns diesen Bereich als Bauchgefühl oder Intuition. Ich kann zum Beispiel die längste Zeit über ein Problem nachstudieren, ohne eine Lösung zu finden und plötzlich habe ich eine Idee, bekomme einen Einfall und weiß, was die Lösung ist. Woher kommt dieser Gedanken? Ist er unverhofft in meinem Gehirn entstanden, obwohl ich mich vorher längere Zeit ohne Ergebnis angestrengt habe oder habe ich ihn irgendwoher erhalten?

Ist es dir auch schon passiert, dass du an einen Menschen dachtest und dir vornahmst, ihn in der nächsten Zeit anzurufen und plötzlich läutete das Telefon und dieser Mensch rief dich an? Ist dies reiner Zufall oder gibt es auf der geistigen Ebene irgendeine uns unbekannte Verbindung? Als technisch orientierter Mann war ich früher solchen Einflüssen gegenüber sehr skeptisch. Doch dadurch, dass ich mich öfters damit befasst habe, bekam ich einen immer besseren Zugang zur geistigen Ebene. Ich erhielt immer mehr Informationen und glaubte an ihre Richtigkeit. Heute ist für mich die Intuition eine selbstverständliche Wissens- und Kraftquelle, ohne die ich auch dieses Buch niemals hätte schreiben können.

Irgendwo gibt es da noch den Ausdruck „Seele". Ich bin überzeugt, dass wir alle eine Seele haben, dass diese zur geistigen Welt gehört und dass wir dort irgendwie miteinander verbunden sind. Für mich ist die Seele so etwas wie der göttliche Funken in uns und den kann ich mit meinem Intellekt nicht beschreiben oder beweisen.

Vielleicht kannst du dir jetzt in einem ruhigen Augenblick nochmals die Frage stellen: „Wer bin ich?" Die Antwort steht natürlich nicht in diesem Buch, die musst du dir selber geben. Die Antwort kann sich auch je nach der augenblicklichen Bewusstseinsstufe und deiner persönlichen Entwicklung ändern. Vielleicht hilft es dir, wenn du dich fragst: „Wann spüre ich in meinem Herzen eine Resonanz zu dem, was ich im Alltag erfahre und erkenne?" Eine weiterführende Frage, die du dir auch stellen kannst, lautet: „Was ist an mir sterblich und was ist unsterblich?"

Ich habe in diesem Kapitel von niederen und höheren Identifikationsebenen gesprochen. Vielleicht tönt dies für dich nach einem Werten. Doch genau darum komme ich auf dies zurück. Für mich ist dies kein Werten oder Urteilen. Ich glaube an die Urknall-Theorie. Am Anfang nach dem Urknall gab es nichts als Energie mit sehr hoher Frequenz. Im Laufe der Zeit wurde bei einem Teil dieser Energie die Schwingungsfrequenz niedriger bis daraus Materie entstand. Auch Materie ist eine Form von schwingender Energie, wie die Quantenphysik klar erkannt hat. Der unterste bekannte Energiezustand ist die feste Materie. Fügt man dieser Energie hinzu, wird sie flüssig oder gasförmig. Würde man noch mehr Energie hinzufügen, würden sich die Atome des Gases in Strahlung verwandeln. Aber die niedrigste Energieform, die Materie, ist die Voraussetzung für unser irdisches Leben, darum möchte ich sie nicht abwerten. Die höchste Energieform kennen wir nicht. Hat diese vielleicht etwas mit Gott zu tun?

3. Wer oder was ist Gott?

Schon sehr früh erkannten die Menschen, dass es unvorhersehbare Vorkommnisse gibt, die sie nicht erklären und schon gar nicht beherrschen konnten. So eine Erscheinung war zum Beispiel der Regen, Manchmal blieb er aus und die Vegetation verdorrte, was zu Hungersnöten führte. Manchmal ging er so heftig nieder, dass alles unter Wasser stand. Auch das Jagdglück war unberechenbar. Es musste also irgendwelche unbekannten Wesen geben, die da ihren Einfluss ausübten und die musste man durch Zeremonien und Opfergaben gnädig stimmen. So entstanden die ersten Religionen.

Spätere Religionen übertrugen alle Einflüsse auf einen einzigen Gott. Aber auch diesem werden noch besondere Eigenschaften und Kräfte zugeschrieben. Für die Israeliten war, gemäß dem Alten Testament der Bibel, Gott eifersüchtig, zornig, rachsüchtig und manchmal auch grausam. Da die Israeliten oft bekämpft wurden und auf der Flucht waren, brauchten sie vielleicht einen Gott mit diesen menschlichen Eigenschaften, der sie gegenüber anderen Völkern rächte. Im Neuen Testament ändert sich das Gottesbild: Nächstenliebe und Barmherzigkeit stehen im Zentrum. Je nach Religion und Zeitepoche hat Gott unterschiedliche Eigenschaften. Wodurch klar zum Ausdruck kommt, dass dies nur Zuschreibungen durch die Menschen sind und mit Gott eigentlich nichts zu tun haben.

Da wir Menschen alle auf der gleichen Erde leben, also in der gleichen Schöpfung, muss der Gott der verschiedenen Religionen der gleiche Schöpfer sein. Jede Religion oder Glaubensrichtung macht sich ihr eigenes Bild von Gott. Da aber Gott im Himmel ist, also auf einer höheren Ebene als wir, können wir von hier aus höchstens gewisse Teile, Fähigkeiten oder

Aspekte erkennen. Es ist – um ein praktisches Bild aus unserem Alltag zu verwenden – ähnlich, wie wenn ein kleines Kind, das noch nicht *auf* die Tischplatte sieht, nicht alle Gegenstände erkennen kann, die dort stehen.

Wenn wir uns unvoreingenommen der Frage widmen wollen, wer oder was Gott ist, so beginnen wir vielleicht am besten beim Standpunkt des Nihilisten. Der sagt, dass es einen Gott gar nicht gibt. Auch der Gnostiker bewegt sich in der gleichen Umgebung, wenn er sagt, es mag vielleicht einen Gott geben, aber wir können ihn nicht erkennen und beschreiben.

Von diesen Standpunkten aus gesehen, sind wir alles einzelne, unabhängige Individuen, die keinen höheren Zusammenhalt haben. Aber wir können die Menschheit in Gruppen zusammenfassen, zum Beispiel nach Geschlecht, Nationalität, Hautfarbe oder vielen anderen Unterscheidungsmöglichkeiten. Dadurch können wir eine Art oder Familie bilden, zu der alle Menschen gehören, als Unterscheidung zu den Tieren. Aber auch Menschen und gewisse Tiere können wir zusammenfassen in die Gruppe der Säugetiere und der Wirbeltiere als Unterscheidung zu den wirbellosen Tieren, zum Beispiel den Insekten. Aber auch diese zwei Gruppen können wir zusammenfassen zu den Tieren allgemein, im Unterschied zu den Pflanzen. Auch diese beiden Gruppen lassen sich wieder zusammenfassen in die Gruppe der Lebewesen, im Unterschied zur toten Materie.

Die Möglichkeit einer Gruppenbildung durch das Zusammenfassen einzelner Untergruppen geht aber weiter. Nach den neusten Erkenntnissen der Quantenphysik besteht alle Materie aus Energie und diese Energie kann wieder mit anderen Arten von Energie zu einem Oberbegriff zusammengefasst werden. Dieser kann wiederum mit unendlich viel anderem für uns nicht Erkennbarem – vielleicht Weisheit oder

Naturgesetze und so weiter – zusammengefasst werden, bis alles in einem obersten Begriff enthalten ist. Dies wollen wir *All-Eins-Sein* nennen.

Es ist nun gefährlich, diesem All-Eins-Sein einen Namen zu geben, zum Beispiel Gott oder Allah, denn je nach Religion hat deren Gott unterschiedliche Eigenschaften. Man könnte daher all diese Gottesbilder wieder zu einer Gruppe der Gottesbilder zusammenfassen und mit den vorher erwähnten Gruppierungen im obersten All-Eins-Sein zusammenfassen. Für dieses All-Eins-Sein können wir keine Eigenschaften definieren, denn in ihm sind alle vereint. Wir können ihm auch keinen Namen geben, denn Namen trennen. Peter ist nicht gleich Hans, die beiden sind nicht eins. Die Mystiker behelfen sich in der Weise, dass sie diesen Begriff umschreiben wie es Meister Eckhart (1260–1328) getan hat: „Wo-Gott-keinen-Namen-hat".

Die höchste Form Gottes können wir nicht erkennen und schon gar nicht mit unserem Verstand definieren. Gott ist unergründlich, nondual, ein Einssein, eine Quelle, aus der alles entspringt. Auch das Wort Gott gefällt mir nicht, denn es impliziert, dass Gott männlich ist. Göttin oder Gottheit bezeichnet eindeutig ein weibliches Wesen. Daher gefällt mir der Ausdruck „Göttlichkeit" am besten. Er ist zwar grammatikalisch weiblich, wird aber nie für ein Wesen, sondern für eine Kraft oder Energie gebraucht. Wegen der einfacheren Verständlichkeit werde ich aber im Folgenden doch den Ausdruck „Gott" anstelle von „Göttlichkeit" verwenden.

Wir können die höchste Form Gottes nicht erkennen. Sie entsteht, wenn man viele Gruppen von Wesen und Energien zu einem obersten Begriff des All-Eins-Sein verbindet. Daraus folgt die Erkenntnis, dass wenn wir Sachen miteinander verbinden, wir näher zu Gott kommen und wenn wir unterscheiden und trennen, uns vom Begriff Gott entfernen. Wir werden uns später noch eingehend damit befassen, ich möchte aber schon hier die Frage stellen: „Was verbindet uns und was trennt uns?" Oder vielleicht verständlicher ausgerückt: „Welche Energien und Gefühle verbinden uns und welche trennen uns?"

Wir Menschen fühlen uns getrennt voneinander, haben Angst nicht wir selbst sein zu können, zu kurz zu kommen, nicht zu genügen. Daraus folgt, dass Angst uns trennt und weg von Gott führt, ebenso wie Kritik, Verurteilen und Hass. Verbunden fühlen wir uns aber durch Liebe, Mitgefühl und Barmherzigkeit. Diese Eigenschaften führen uns daher hin zu Gott – zum All-Eins-Sein. Dies ist eine zentrale Erkenntnis und Botschaft, die dieses Büchlein verbreiten möchte.

Dieses All-Eins-Sein hat die Schöpfung – das Universum – aus sich heraus erschaffen, denn auf der höchsten Ebene gibt es nur das Eine. Dazu musste es zuerst die Idee, die Energien und Gesetze, aber auch die Dualität und den Raum erschaffen. Es musste alles aus sich selbst heraus erschaffen. Die Schöpfung ist daher ein Teil – oder ein Aspekt – der Göttlichkeit. Gott ist in der ganzen Schöpfung, also auch in uns Menschen enthalten, denn auf der höchsten Ebene gibt es nichts außer Gott.

Diese Ansicht wurde meines Wissens erstmals vom Philosophen Plotin (205–207 n. Chr.) erwähnt, der vorwiegend in Rom lebte. Als Vertreter eines idealistischen Monismus (Neuplatonismus) führte Plotin alle Phänomene und Vorgänge auf ein einziges, immaterielles Grundprinzip zurück. Das Ziel seiner philosophischen Bemühungen bestand in der Annäherung an das „Eine", das Grundprinzip der gesamten Wirklichkeit, bis hin zur Erfahrung der Vereinigung mit diesem Einen (Mystik).

Gott ist in uns und wir sind in Gott. Dies ist für uns unvorstellbar, sogar widersinnig, denn nach unserer Vorstellung kann nur das Kleinere im Größeren enthalten sein. Doch diese Verwirrung ist vielleicht heilsam, sonst wäre die Versuchung zu groß, Gott mit unserem Verstand zu erfassen und zu erklären. Meister Eckhart, der Dominikanermönch und spätere Magister an der Universität von Paris und Ordensvorsteher, war der große Mystiker des Mittelalters und hat Sätze geprägt wie: „Warum ist Gott Mensch geworden? Damit ich Gott werde." Oder „Manche einfältige Leute meinen, sie müssten Gott so sehen, als stünde er dort und sie hier. Dem ist nicht so: ‚Gott und ich, wir sind eins.'"

Da Gott alles umfasst, kann er nicht definiert werden, denn man müsste alles aufzählen und dürfte nichts weglassen. Eine Definition ist aber immer einschränkend. Der deutsche Kardinal Niklaus von Kues (1401–1464) hat als Mystiker die Definition geschaffen: „Gott ist alles in allem und nichts von allem ist Gott." Kann also die Göttlichkeit doch definiert werden?

Es stellt sich nun die Frage: „Warum hat Gott die Schöpfung erschaffen?" Diese Frage hat schon viele Philosophen beschäftigt und eine unwiderlegbare Antwort wird es wohl nie geben. Meines Wissens war der in Alexandrien lebende, christliche Gelehrte und Theologe Origenes (185–254 n. Chr.), der erste, der formulierte: **„Gott will sich in der Schöpfung selbst erkennen."** Dieses Theorem scheint mir plausibel und erklärt das ganze Geschehen in der Schöpfung, insbesondere auch die Entstehung und Entwicklung der Menschheit. Daher möchte ich alle weiteren Ausführungen auf diesem Theorem aufbauen.

Wenn das All-Eins-Sein das Universum erschaffen hat und laufend weiter erschafft, so ist anzunehmen, dass es diesen Prozess positiv unterstützt, da es seine Vollkommenheit und nicht seine Unvollkommenheit erkennen will. Die aus dieser Quelle strömende Energie fließt dauernd in die Schöpfung. Die Schöpfung verändert sich laufend. Sie ist ein Evolutionsprozess. Wenn das stimmt, was die Wissenschaft behauptet, dann ist das Universum vor ungefähr 13 Milliarden Jahren durch einen Urknall entstanden. Am Anfang war alles schwingende Energie und Strahlung. Erst nach etwa 500 000 Jahren hat sich die Energiedichte so weit abgesenkt, dass Materie entstehen konnte. Aber die Materie ist auch nur schwingende Energie, wie die Quantenphysiker vor einigen Jahrzehnten erkannt haben.

Vor vielleicht 4,3 Milliarden Jahren bildete sich die Erde als Planet der Sonne. Sie entwickelte sich durch viele verschiedene Stadien. Vor fast 4 Milliarden Jahren entstanden die ersten Lebewesen im absoluten Dunkeln, Bakterien in der Nähe von schwefelhaltigen Vulkanausbrüchen auf dem Meeresgrund. Daraus entwickelten sich allmählich die weiteren Lebewesen. Mit den durch Vulkane verursachten Erdbewegungen stiegen die Bakterien an die Wasseroberfläche, passten sich den neuen Lebensbedingungen an und entwickelten sich weiter. Es gab schon damals große Umweltkatastrophen, da sich in der Atmosphäre Sauerstoff ansammelte, der für viele Lebewesen giftig war und die darum abstarben. Vor etwas mehr als 1 Milliarde Jahren entstanden die ersten mehrzelligen Lebewesen und von da an beschleunigte sich die Evolution. Aber es gab immer wieder große Massensterben, bei denen bis zu 50 % aller Gattungen ausstarben. Das bekannteste ist das Aussterben der Dinosaurier vor ungefähr 66 Millionen Jahren, von denen nur die Vögel bis heute überleben konnten. Dann kam die große Zeit der Säugetiere. Es entwickelten sich die Primaten und vor vielleicht 4 Millionen Jahren im Nordosten von Afrika die ersten menschlichen Wesen, die Hominiden. In der Zeit vor 200 000 bis ungefähr 40 000 Jahren breiteten sich die Vorläufer der heutigen Menschen über die ganze Erde aus und schafften die Grundlage für unsere Zivilisation.

Die Schöpfung – das Universum – hat sich vom ersten Augenblick an immer verändert. Es entwickelte sich zu immer komplexeren Formen. Es gab zwar Rückschläge, aber die Evolution schritt immer weiter und es ist kein Grund ersichtlich, warum dieser Prozess heute zu Ende sein sollte. So entwickeln sich auch die Menschen körperlich, in ihrem Verhalten, aber auch in ihrem Bewusstsein auf ein unbekanntes Ziel hin. Wir werden in einem späteren Kapitel noch näher darauf eingehen.

Da Gott das Universum erschaffen hat, um seine Größe selbst zu erkennen, liebt er seine Schöpfung mit allen darin vorkommenden Geschöpfen. Es ist anzunehmen, dass er auch heute noch Einfluss auf die Entwicklung und die Geschehnisse nehmen kann und interessiert ist, die positiven Prozesse zu fördern. Wer hat die physikalischen Gesetze geschaffen, nach denen sich Energie zu komplexen Atomen und Molekülen verbindet? Warum ist Leben entstanden? Einzeller sind nicht einfach eine Weiterentwicklung der Materie. Es brauchte dazu ganz neue Ideen, Kräfte und Mechanismen. Was war der Antrieb dazu? Der musste irgendwie in der Schöpfung vorhanden sein und dann ausgelöst werden. Die einzelnen Zellen unseres Körpers – wir haben über 50 Milliarden davon –, haben neben dem Zellkern mit den Chromosomen auch eigene Kraftwerke und in ihrer Hülle unzählige Sensoren, die gewisse Informationen in die Zelle hineinlassen und verarbeiten. Es ist für mich nicht nachvollziehbar, dass alle diese Eigenschaften nach der Darwin'schen Evolutionstheorie hätten entstehen können. Die Wahrscheinlichkeit für eine so weise Gestaltung wäre viel zu klein gewesen. Nehmen wir zum Beispiel die Entstehung der Flügel der Vögel. Die Flügel bildeten sich während hunderten von Generationen aus den Vorderbeinen von vierfüßigen Tieren. Heute sind die Flügel ein Vorteil für die Vögel. Aber während der ganzen Entwicklungszeit konnten sie nicht fliegen und die Vorderbeine nicht richtig gebrauchen. Woher nahmen sie den Durchhaltewillen, um dieses Handicap zu ertragen? Für mich ist es unwahrscheinlich, dass sich alles nur durch genetische Evolution nach Darwin entwickelt hat. Da wirkten eine göttliche Weisheit und Kraft.

Oft werden in unserer Gesellschaft die göttlichen Kräfte auch eingeschränkt. So hat er gemäß der Bibel zum Beispiel die Macht über den Teufel verloren, der heute als Satan (Widersacher Gottes) gegen ihn kämpft. Dabei hat Satan in Gottes Schöpfung eine wichtige Aufgabe. Gott hat uns Menschen den freien Willen und damit die Entscheidungsfreiheit gegeben. Damit wir uns aber entscheiden können, müssen wir die Wahl zwischen zwei Möglichkeiten haben, zum Beispiel zwischen liebevoll und böse. Daher muss es in Gottes Plan das Böse geben, damit wir lernen können, uns für die Liebe zu entscheiden. Da die Menschen aber nicht böse sein wollen, da sie glauben, sonst nicht in den Himmel zu kommen, haben sie die Gestalt des Teufels erfunden, der nun der Inbegriff des Bösen sein muss.

Gott hat mit dem Satan den Raum für *Sünden* geschaffen. Aber was sind Sünden? Sünden sind ein Abweichen von den Gesetzen Gottes. Aber kennen die Menschen die Gesetze Gottes wirklich? Kennen alle Geschöpfe Gottes seine Gesetze oder nur die Menschen? Kann ein Regenwurm sündigen? Und eine Katze, die mit einer Maus spielt, bis sie tot ist, ist das Sünde? Wohl kaum, das Verhalten der Katze wird durch ihren Instinkt gesteuert. Daraus folgt, dass es das menschliche Bewusstsein braucht, um zu sündigen. Zum Sündigen braucht es das Erkennen von Gut und Böse. Dazu muss es ein Bewusstsein geben, das sich erst bei den Menschen allmählich so weit entwickelte, dass wir etwas als liebevoll oder böse erkennen können. Das Bewusstsein der Menschen ist aber von Gott gewollt. Daher wollte Gott, dass wir Menschen sündigen können und uns langsam zur Liebe hin entwickeln.

Gott hat die Menschen aus der unbewussten Einheit mit ihm im Paradies in die bewusste Trennung geführt (Baum der Erkenntnis), damit sie in einem langen Evolutionsprozess immer mehr Bewusstsein erlangen, bis sie erkennen, dass sie nie von Gott getrennt waren. Gott will, dass wir Menschen ihn in seiner alles umfassenden Einheit und Größe erkennen. Was führt uns Menschen aber zu dieser Verbundenheit und Einheit? Die mitfühlende, bedingungslose Liebe, die offen ist für alles, die nichts verurteilt und ausschließt, sondern alles integriert. Darum heißt es in Kirchenliedern „Gott ist die Liebe", obwohl er eigentlich alles ist. Aber nur die bedingungslose Liebe führt zum Verbundensein von allem mit allem und damit zum All-Eins-Sein. Nur durch die Liebe wird alles zum *Einen* verbunden. Alles was Menschen in Freiheit verbindet, zusammenführt und vereinigt, ist Liebe. Und Liebe führt zu Gott, da dort alles eins ist. Darum ist die Liebe ein Ausdruck Gottes. Dieses wichtige Thema der Liebe werden wir eingehend im übernächsten Kapitel behandeln. Zuvor wollen wir uns noch Gedanken machen, was Gott denn von uns Menschen will.

4. Was will Gott von uns Menschen?

Wie wir im letzten Kapitel gesehen haben, umfasst Gott alles, die ganze Schöpfung und die geistige Welt. Da er alles ist, hat er auch alles und braucht von den Menschen nichts. Aber die antiken Gesellschaften glaubten, dass sie ihre Götter durch Rituale und Opfergaben gnädig stimmen müssten, damit sie ihnen Regen, Jagdglück, Fruchtbarkeit oder was auch immer bescherten. Sie projizierten das Verhalten ihrer Mächtigen und Stammesführer, die Ehrerbietung und Unterwürfigkeit verlangten, auf ihre Götter. Das heißt, sie vermenschlichten ihre Götter. Diese Tendenz blieb bis heute bestehen.

Daraus entstanden auch die 10 Gebote. Diese verlangen Gehorsam und Unterwürfigkeit von den Gläubigen. Das ist genau das, was die Oberen einer Gesellschaft von ihren Untertanen verlangen. Also wurden auch hier menschliche Eigenarten auf Gott übertragen. Die 10 Gebote verlangen genau das, was Menschen gefügig macht:

1. Ich bin der Herr, dein Gott, du sollst nicht andere Götter haben neben mir. (Ich bin dein König …)
2. Du sollst den Namen des Herrn, deines Gottes nicht missbrauchen. (Du darfst nicht über den König schimpfen.)
3. Du sollst den Feiertag heiligen. (Feiere den Geburtstag deines Königs.)
4. Du sollst Vater und Mutter ehren. (Unterwerfe dich der bestehenden Hierarchie.)
5. Du sollst nicht töten. (Revoltiere nicht und mache keine Unruhe. – Tiere sind auch Geschöpfe Gottes, aber diese dürfen getötet werden.)
6. Du sollst nicht ehebrechen. (Unterziehe dich der von der Obrigkeit gegebenen Ordnung.)

7. Du sollst nicht stehlen. (Das schafft Unfrieden unter den Untergebenen.)
8. Du sollst nicht falsches Zeugnis reden wider deinem Nächsten. (Auch das schafft Unfrieden.)
9. Lass dich nicht gelüsten nach deines Nächsten Weibes. (Auch das ist gegen Ruhe und Ordnung, sei brav.)
10. Du sollst nicht begehren deines Nächsten Haus, Hof, Vieh und alles, was sein ist. (Sei zufrieden mit dem, was du hast und stelle dich meinem Heer zur Verfügung, wenn ich ein anderes Land angreife.)

Wie moderne Studien zeigen, wurden die 10 Gebote schon in vorchristlicher Zeit von einzelnen Glaubensgemeinschaften je nach der vorherrschenden Ethik oder Moral abgeändert oder verschärft. Die 10 Gebote waren also nie ganz frei von einem menschlichen Einfluss. Vielleicht ist dir auch aufgefallen, dass nur Männer angesprochen werden. Hat Gott die Frauen vergessen oder wurden diese Gebote von Männern geschrieben zu einer Zeit als die Frauen sowieso noch nichts zu sagen hatten? Zudem drücken die ersten drei Gebote nur die Angst Gottes aus, dass die Menschen ihn nicht genügend ehren. Muss Gott, der alles umfasst, diese Angst wirklich haben?

Es gibt allerdings noch eine andere Sicht der 10 Gebote als *Versprechen* Gottes gegenüber den Menschen, wie sie Neale Donald Walsch im ersten Band seiner „Gespräche mit Gott" formuliert (S. 151): „Ihr werdet wissen, dass ihr den Weg zu Gott genommen und gefunden habt, wenn ihr folgende Zeichen, Erkenntnisse und Verhalten in eurem Leben erkennt. Hier die gekürzte, aus dem Englischen übersetzte und leicht abgeänderte Formulierung:

1. Ihr werdet keinen anderen Gott neben mir haben wollen, denn ihr erkennt, dass es diesen nicht geben kann.
2. Ihr werdet den Namen Gottes nicht missbrauchen und ihn nicht um nichtige Dinge anrufen.

3. Ihr werdet mir feste Zeiten vorbehalten, damit ihr euch erinnert, wer und was ihr seid.
4. Ihr werdet Mutter und Vater ehren und ihr werdet wissen, dass ihr Gottes Kinder seid.
5. Ihr werdet darauf achten, dass ihr nicht willentlich ohne allerheiligsten, gerechtfertigsten Grund tötet, obgleich ihr versteht, dass ihr nicht das Leben eines andern beenden könnt, da es ewig ist.
6. Ihr werdet die Reinheit der Liebe nicht durch Unehrlichkeit und Täuschung entweihen.
7. Ihr werdet kein Ding nehmen, das euch nicht gehört, noch einem andern schaden, um etwas zu bekommen, da dies ohne Liebe ist.
8. Ihr werdet kein Verlangen haben, etwas Unwahres zu sagen oder ein falsches Zeugnis zu geben.
9. Ihr werdet nicht eures Nächten Gefährten/Gefährtin begehren, denn ihr wisst, dass alle anderen eure Seelengefährten sind.
10. Ihr werdet nicht eures Nächsten Güter haben wollen, denn ihr wisst, dass alle Güter der Schöpfung gehören.

Dies sind eure *Freiheiten* und nicht eure *Beschränkungen*. Das sind meine *Verpflichtungen* nicht meine Gebote. Denn Gott kommandiert nicht herum, was von ihm erschaffen worden ist. Gott sagt seinen Kindern nur: auf diese Weise werdet ihr wissen, dass ihr nach Hause kommt."
Gott braucht also nichts von uns Menschen, aber er will uns etwas geben, damit wir unseren Weg in der Dualität mit dem von Gott gewollten Ziel vor Augen gehen können. Wenn wir uns als geistige Wesen und nicht nur als materielle Körper sehen, dann ist unser Leben auch nicht so beschränkt. Es gibt eine wunderbare bildliche Darstellung der Beziehung des Menschen zu Gott. Der katholische Theologe, Mystiker und Zen-Meister, Willigis Jäger (1925–2020), schrieb ein Buch über mystische Spiritualität mit dem Titel „Die Wel-

le ist das Meer". Die Wellen und das Meer gehören zusammen. Man erkennt das Meer durch seine Wellen. Die Wellen sind ein Aspekt des Meeres. Die Wellen können nicht ohne das Meer bestehen. Wellen kommen und gehen. Sie entstehen und verschwinden. Die Menschen gehören zu Gott wie die Wellen zum Meer. Keine Welle kann sagen: „Ich bin das Meer", aber jede Welle ist ein kleiner Ausdruck des Meeres. Was ist die Aufgabe der Wellen? Gibt es Gebote und Verbote, die sie einhalten müssen? Die gleichen Fragen können wir für die Menschen in Bezug auf Gott stellen.

Gott braucht nichts von uns Menschen, aber er hat die Schöpfung und damit auch uns Menschen mit einem ganz bestimmten Zweck erschaffen. Er will sich selbst erkennen. Das heißt, die Schöpfung soll sich entwickeln, bis er sich darin erkennt. Darum ist die Schöpfung ein Entwicklungsprozess. Auch alle Formen der Lebewesen auf Erden entwickeln sich immer weiter. Auch die Menschen sind in einem stetigen Evolutionsprozess, der sich dauernd beschleunigt. Bis vor vielleicht 20 000 Jahren waren die Menschen Jäger und Sammler. Erst dann wurden sie sesshaft und begannen mit dem Ackerbau. Die ersten Gegenstände aus Eisen wurden vor ca. 3 000 Jahren gefertigt. Die Dampfmaschine wurde vor 250 Jahren erfunden und vor etwa 200 Jahren begann die industrielle Revolution. Seither hat es mehr technische Entwicklungen gegeben als in all den tausenden von Jahren davor. Das Smartphone, das heute für alle Menschen in den meisten Ländern ein unentbehrliches Kommunikationsmittel ist, gibt es längstens seit 20 Jahren. Aber auch die Medizin hat in den letzten Jahrzehnten ungeahnte Fortschritte gemacht. Auch gesellschaftlich ist seit der französischen Revolution (1789–1799) vieles im Umbruch.

Allgemein hat sich das Bewusstsein der Menschen in den letzten 2 000 Jahren sehr entwickelt hin zu mehr Menschlichkeit, Gerechtigkeit und freiem Denken. Zum Beispiel:

- Bei den Römern gab es Gladiatorenkämpfe auf Leben und Tod als reine Volksbelustigung.
- Erst 1537 bestätigte Papst Paul III, dass die Ureinwohner Afrikas und Amerikas auch eine Seele haben und daher nicht mehr wie Vieh behandelt werden dürfen. Dies nachdem Papst Nikolaus V 1455 die Sklaverei noch ausdrücklich gebilligt hatte.
- Giordano Bruno wurde im Jahr 1600 durch die Inquisition zum Tod auf dem Scheiterhaufen verurteilt, weil er eine pantheistische Gottessicht vertrat und die Erde nicht als Mittelpunkt des Universums anerkannte. Aber im Jahr 2000 erklärte Papst Johannes Paul II, dies sei ein Unrecht gewesen.
- Der Zauberei und des Aberglaubens beschuldigte Hexen wurden noch bis weit ins 18. Jahrhundert verbrannt (Anna Göldi 1782).
- Ungefähr zu dieser Zeit wurde in der schweizerischen Stadt Baden eine Dienstmagd, die einen silbernen Leuchter gestohlen hatte, gefesselt, in einen Sack gesteckt und in die Limmat geworfen.
- Henry Dunant veranlasst 1863 die Gründung des Roten Kreuzes aufgrund seiner Erlebnisse bei der Schlacht von Solferino 1859. Bis dahin wurden die Kriegsverwundeten einfach liegen gelassen und höchstens noch ausgeraubt.
- 1776 wurde in den USA die erste Demokratie gegründet. Vorher wurden alle Länder durch Könige oder Gewaltherrscher regiert. Ab da wurden die US-amerikanischen, weißen, männlichen Bürger als fähig betrachtet, selbst über ihr Schicksal mitentscheiden zu können.
- In der französischen Revolution (1789–1799) erhob sich das rechtlose, gemeine Volk gegen die regierenden Stände (Klerus und Adel) und machten dem Absolutismus ein Ende.
- 1971 wurde in der Schweiz das Frauenstimmrecht eingeführt. Dies war ein wichtiger Schritt für die Gleichberechtigung von Mann und Frau. Früher war der Mann das

Oberhaupt der Familie (gemäß Verfassung) und die Frauen brauchten die Einwilligung des Mannes, um eine Arbeit annehmen zu dürfen.

Neben der Entwicklung des menschlichen Bewusstseins hin zu mehr Menschlichkeit und Mitgefühl lernten viele einfache Bürger auch verantwortungsvolle Entscheidungen zu treffen und sind nicht mehr auf Stammesführer und Herrscher angewiesen. Zum einen gibt es heute viel mehr ethische und moralische Verantwortung beim Handeln der Menschen, andererseits ist die technische Entwicklung so rasant und so auf das Materielle ausgerichtet, dass sich die Probleme in der weltweiten Gesellschaft mehr und mehr zuspitzen.

Die Menschen sind heute stärker denn je gefordert, um die von Gott für die Schöpfung gestellten Ziele zu verwirklichen. Gott möchte sich durch die Menschen selbst erkennen. Er will von uns Menschen, dass wir unser Bewusstsein weiterentwickeln, bis wir die bedingungslose Liebe im Alltag leben können. Nicht unsere Körper und unsere intellektuellen Fähigkeiten sind das Wesentliche am Menschen, sondern unsere Seele und dies wird in unserem Zeitalter leider oft vergessen. Wie wir im letzten Kapitel schon erfahren haben, ist die Liebe etwas vom Wesentlichen, das uns zu Gott und seinem allumfassenden All-Eins-Sein hinführt und darauf möchte ich im nächsten Kapitel näher eingehen.

5. Was ist Liebe?

Wie steht es bei dir, liebe Leserin, lieber Leser, sehnst du dich auch nach Liebe? Wenn ja, gehörst du zu der überwiegenden Mehrheit der Menschen, denn unser größtes Streben ist geliebt zu werden. Aber was ist Liebe? Was verändert sich in dir, wenn du geliebt wirst?

Wenn wir in unserer Gesellschaft von Liebe reden, dann meinen wir meistens die emotionale, romantische, erotische und sexuelle Liebe, zu der auch das Verliebtsein gehört. Es ist die Liebe eines jungen Paares, das den Liebespartner für sich allein haben will. Es will den anderen Menschen besitzen. Dies kommt besonders in der spanischen Sprache zum Ausdruck, denn Te quiero" bedeutet wohl „Ich liebe dich", aber wörtlich übersetzt heißt es „Ich will dich". Aber auch die Liebe der Kinder zu ihren Eltern oder des Autofans zu seinem Sportwagen ist eine egoistische, emotionale Liebe. Wir möchten das Liebesobjekt immer in unserer Nähe haben. Das Liebesobjekt gibt uns etwas, das uns fehlt: Sexuelle Ergänzung, Geborgenheit, Vertrautheit, Selbstbewusstsein, sozialen Status, Freude oder sonst etwas. Wir selbst mit unserem Ego stehen aber immer mehr oder weniger im Zentrum. Es geht um die Befriedigung meiner Begierden oder meiner Wünsche. Die egozentrische Liebe ist mindestens in jungen Jahren immer mit vielen Emotionen verbunden. Entweder wir sind Feuer und Flamme für das Liebesobjekt oder wir lassen keinen guten Faden an ihm. Wie es dem Liebesobjekt selbst geht, ist für uns vorerst nebensächlich, mindestens so lange es unsere Anforderungen erfüllt. Die besitzergreifende Liebe kann auch rücksichtslos sein. Das Liebesobjekt muss *meine* Anforderungen erfüllen, sonst kann es sein, dass ich schnell mein Interesse verliere. Dann schlägt meine Liebe in Gleichgültigkeit um oder auch in Ablehnung, Verachtung oder sogar Hass und Aggression.

Die romantische Liebe kann uns viele schöne Erfahrungen bescheren, aber ihre Emotionalität flacht mit der Zeit ab. Ein über Jahre bestandenes Ehepaar liebt sich vielleicht immer noch und will den anderen um sich haben, aber die Emotionalität ist einer Vertrautheit, Verbundenheit, Geborgenheit und Sicherheit gewichen, die vor allem im Alter ihre sehr schönen Seiten haben kann. Eine solche Altersbeziehung gleicht dann eher einer kameradschaftlichen Liebe, wie sie häufig bei Menschen in Beruf, Sport oder sozialen Vereinigungen zustande kommt. Eine solche kameradschaftliche Liebe besteht meistens aus einem mehr oder weniger ausgeglichenem Nehmen und Geben. Beide Menschen sorgen füreinander, verstehen sich gut und haben ähnliche Interessen und Lebensanschauungen. Darum sind sie gern zusammen und teilen ihre schönen Erlebnisse miteinander.

Diese Arten der Liebe sind oft mit Sehnsucht verbunden. Wenn wir getrennt sind von unserem Liebesobjekt, fühlen wir uns leer oder einsam, nur als Halbheit und sehnen uns, uns wieder zu einem Ganzen zu vereinen. Bei der romantischen Liebe, dem Verliebtsein, ist dies für uns klar und verständlich. Aber es gibt auch die Leere und Sehnsucht nach etwas Unbestimmtem. Unsere Liebessehnsucht ist darin begründet, dass unser Ego in der Illusion lebt, von Gott getrennt zu sein und daher in einem Mangelzustand lebt. Liebe gibt uns dann das befreiende Gefühl einer Ganzheit. Dies wird in der romantisch-erotischen Liebe besonders deutlich, wenn beide Partner*innen in ihrer persönlichen Unvollkommenheit, die nur durch die Vereinigung mit dem begehrten Menschen überwunden und die Sehnsucht gestillt werden kann. Doch es gibt auch die unbegründete, unerklärliche Sehnsucht nach etwas Unbestimmten. Wir gehen dann vielleicht in ein Geschäft, um etwas zu kaufen, das uns die Leere wieder für einige Zeit nimmt oder wir unternehmen eine Reise in eine unbekannte Ferne. Das ist sicher schön und erlebnisreich und doch kommt nach einer gewissen Zeit diese Sehnsucht zurück. Für mich ist diese Sehnsucht ein grundlegendes Problem unseres Egos, das sich unbewusst von Gott und den anderen Menschen getrennt fühlt.

Die aufmerksame Leserin, der aufmerksame Leser, hat natürlich gemerkt, wenn es eine Liebesform gibt, bei der ich für mich profitieren will und eine andere, bei der das Geben und Nehmen ausgeglichener ist, dann muss es noch ein dritte geben, bei der ich vorwiegend gebe und der andere von mir profitiert. Diese Liebesform erhielt bei den alten Griechen den Namen „Caritas".

Caritas ist die edle, selbstlose Liebe, bei der es uns Freude macht, dem anderen Menschen Liebe zu geben, ihm zu helfen und ihn zu unterstützen. Wir fühlen uns dann selbst gut, wenn wir sehen, dass es dem anderen aufgrund unserer Hilfe besser geht. Die Caritas-Liebe braucht als Voraussetzung Anteilnahme und Mitgefühl. Wir sind bereit, unser Ego zurückzunehmen und zugunsten des anderen auf vieles zu verzichten. Dieses Verhalten kann aus einem inneren Bedürfnis entstehen oder wir hoffen, dadurch ein guter Mensch zu sein und im Jenseits dafür belohnt zu werden. Caritas-Liebe kann typisch sein für kirchlich oder sozial engagierte Menschen. Sie erhalten oft keine oder nur eine geringe materielle Entlohnung. Ihr Lohn ist intrinsischer Art. Es gibt ihnen eine Befriedigung, sich für eine gute Sache einzusetzen. In vielen Fällen möchten sie aber dafür Dank und Anerkennung. Wenn sie diese nicht erhalten, dann zeigen sie oft, dass ihr Verhalten doch nicht ganz selbstlos war und sind enttäuscht.

Aber es gibt auch die Mutterliebe, die aufopfernd für ihre Kinder da ist und sich ein Leben lang Sorgen um das Wohlergehen ihrer schon längst erwachsenen Kinder macht. Die Mutterliebe ist wohl etwas Spezielles, eine emotionale Caritas-Liebe, da einerseits eine starke emotionale Bindung zwischen Mutter und Kind besteht und andererseits die Mutter fast immer nur die Gebende ist. Ich halte die Mutterliebe für eine sehr hohe Liebesform. Und doch erlaube ich mir, als Mann zu sagen, dass die Mutter in vielen Fällen doch etwas aus dieser anstrengenden und oft aufopfernden Beziehung haben will. Es erfüllt sie mit Genugtuung, wenn sie sieht, wie ihr Kind heranwächst und sich entwickelt. Sie freut sich mit ihrem Kind über jede bestandene Prüfung (nicht nur in der Schule) und wenn sie sieht, wie ihr Sprössling langsam ein wertvolles Mitglied der Gesellschaft wird und sich dort behaupten kann. Natürlich wird sich wohl jede Mutter freuen, wenn sie von ihrem Kind ein kleines Dankeschön, eine kleine Anerkennung für all ihre Bemühungen erhält.

Auch das Pflegepersonal in Spitälern oder Altersheimen setzt sich selbstlos für das Wohlergehen anderer Menschen ein. Es gibt sicher Berufe, in denen man auf mühelosere Art seinen Lebensunterhalt verdienen kann. Darum muss jemand der/die den Pflegeberuf wählt, eine innere Befriedigung spüren, wenn er/sie anderen Menschen hilft.

Als letztes möchte ich noch die Agape-Liebe erwähnen. Das ist die höchste Form der Liebe, die bedingungslose oder göttliche Liebe. Diese will nichts zurückerhalten. Agape ist eine ausströmende Energie, die einfach durch das Universum strömt und Freude und Kraft verbreiten will. Ich vergleiche die Agape-Liebe gern mit einer Glühlampe, die einfach Licht in ihre Umgebung ausstrahlt, ohne zu beurteilen, wer es empfängt, und ob dieser dafür würdig ist. Agape-Liebe stellt keine Bedingungen. Sie will nur ihre Energie verbreiten und sie befreit uns von jedem Zwang einer Gegenleistung. Diese, von Gott ausgestrahlte, bedingungslose Liebe stärkt uns und gibt uns die Freiheit, unsere Erfahrungen im Alltag unseres Lebens zu machen, so wie wir es für richtig erachten. Alle unsere Fehler sind uns verziehen, wenn wir sie erkennen und bereuen.

Ob diese bedingungslose Liebe bei Gott wirklich existiert oder ob er auch Bedingungen an seine Liebe knüpft, ist bei den Religionen sehr umstritten. Ich habe noch gelernt, dass ich brav und strebsam sein muss, um dereinst in den Himmel und nicht in die Hölle zu kommen. Die 10 Gebote sind im Christentum eine sehr zentrale Weisung. Ich habe aber auch gelernt, dass Gott uns liebt und kann mir nicht vorstellen, wie ein mich liebender Gott mich auf ewig in die Hölle verbannen soll, wenn ich seine Gebote nicht erfülle. Ich bin ein Mensch mit meinen Schwächen, dies muss Gott wissen, denn er hat mich so erschaffen. Ich bin hier, um Erfahrungen zu sammeln, um zu lernen und mein Bewusstsein zu entwickeln. Dabei versage ich oft, aber das gehört zum Lernen. Ich bin der Überzeugung, dass mich Gott trotzdem liebt, weil er keine Bedingungen für seine Liebe stellt.

Ich weiß, dass mir in dieser Beziehung viele gläubige Christen widersprechen. Ich weiß aber auch, dass in der Bibel im Gleichnis vom Verlorenen Sohn (Luk.15,11–32) der Vater seinen heimkehrenden Sohn nach einem wüsten Leben, in welchem er viele verschiedene Erfahrungen gemacht hat, bedingungslos willkommen heißt. Er nimmt ihn freudvoll in die Arme, ohne ihm Vorwürfe zu machen oder zu sagen: „Diesmal verzeihe ich dir noch, aber das nächste Mal bestrafe ich dich!" Offenbar gibt es in den Augen des Vaters nichts zu verzeihen. Es gibt nur Freude, dass der verloren geglaubte Sohn zurückgekommen ist. Wenn das All-Eins-Sein uns bedingungslos liebt, müssen wir nie Angst haben seinen Anforderungen nicht zu genügen und seine Liebe zu verlieren. Wir können dann nicht zu Versagern oder Sündern werden und in die Hölle kommen. Wenn Gott uns bedingungslos liebt, stellt er keine Anforderungen an seine Liebe, die wir nicht erfüllen könnten. Gott wird daher niemanden auf ewig in die Hölle verbannen, denn dies wäre kein Akt der Liebe.

Die Quantenphysiker haben bei ihren Überlegungen und Experimenten erkannt, dass es ein heute noch nicht berechenbares, die ganze Welt umspannendes Energiefeld gibt, in dem alles mit allem verbunden ist. In diesem geistigen Feld wirkt auch die Kraft der bedingungslosen Liebe. Da wir die Kräfte und Energien dieses Quantenfeldes mit unseren Sinnen nicht wahrnehmen können, bezeichnen wir sie als übersinnlich, wie wir alles Göttliche auch bezeichnen. Diese bedingungslose Liebe kann von unserem Verstand nicht erfasst werden. Da unser Leben aber hauptsächlich von unserem Verstand geleitet wird, hat die bedingungslose Liebe in unserem Leben leider nur eine untergeordnete Bedeutung.

Oft fällt es uns schwerer uns selbst zu lieben als andere Menschen. Dies kommt daher, dass wir in der Jugend vielfach nur Liebe bekommen haben, wenn wir gewisse Bedingungen erfüllt hatten. Da uns dies nicht immer gelungen ist, betrachten wir uns als Versager und einen Versager liebt man doch nicht. Diese an Bedingungen geknüpfte Liebe beherrscht unsere ganze Gesellschaft. Wir lieben das, was unsere Glaubenssätze erfüllt und alles andere verurteilen wir. Aber warum sollten wir uns nicht lieben, wenn Gott uns bedingungslos liebt?

Wenn wir jetzt die wunderbare Kraft der bedingungslosen Liebe erkannt haben, können wir selbst versuchen, diese gebende Liebe vermehrt zu leben. Wir verbreiten dadurch Freude in unserer Umgebung. Unser Leben ist dadurch nicht mehr so egoistisch oder eigennützig, sondern wir können etwas dazu beitragen, um unsere Gesellschaft etwas freier und liebevoller zu gestalten. Könnte dies ein Zweck unseres Lebens sein, um dem von Gott gewollten Ziel der Menschheit einen Schritt näher zu kommen?

6. Das menschliche Bewusstsein

Das menschliche Bewusstsein und dessen Entwicklung ist von so zentraler Bedeutung für unser Leben, dass ich ihm hier ein ganzes Kapitel widmen möchte. Unser Bewusstsein ist etwas Geistiges, das wir nicht berühren können. Aber mit unserem Bewusstsein steuern wir unser materielles Leben. Das Bewusstsein ist das Bindeglied zwischen unserer geistigen Seele und unserem materiellen Körper. Man kann vielleicht auch sagen, das Bewusstsein ist der Teil unserer Seele, der uns durch das materielle Erdenleben steuert.

Die Seele ist das geistige Wesen, das wir im Grunde wirklich sind. Die Seele ist in einer höheren Dimension zu Hause und hält sich in unserem materiellen, dreidimensionalen Leben im Hintergrund, damit unser Ego seine Erfahrungen machen kann. Alle Lebewesen – auch „tote" Materie – haben eine Seele, denn alles ist in seinem fundamentalen Sein eigentlich Energie, Schwingung und geistige Kraft.

Im Laufe der Evolution der Lebewesen hat sich das Wesen der Seele verändert. Als Teil der Seele ist das Bewusstsein entstanden. Höhere Wirbeltiere haben ein Bewusstsein. Sie haben nicht nur eine genetische Prägung und den damit verbundenen Instinkt, sondern sie können auch aus der Erfahrung lernen und ihr Verhalten im Laufe ihres Lebens entsprechend anpassen. Ich habe einen Film gesehen, in dem zwei hungrige Wölfe im tiefen Schnee eine Herde von Bisons jagten. Als sie den hintersten gestellt hatten und ihn angreifen wollten, erkannten sie, wie groß und stark er war. Sie ließen sofort von ihm ab und folgten weiter der Herde in der Hoffnung, dass das nächste ein schwächliches Tier sei. Die Wölfe konnten überlegen und eine Entscheidung treffen, die wohl nicht in ihren Genen gespeichert war, sondern in ihrer Erfahrung wurzelte.

Ein anderes Beispiel handelt von unserem Hund. Wenn wir ihm im Garten einen Stecken über eine Mauer warfen, rannte er bis zum Rand und erkannte den Ort, an dem der Stecken lag. Er wusste, dass er nicht über die Mauer hinunterspringen konnte, um ihn zu holen. Daher rannte er zurück und in einem weiten Umweg zum Stecken, schnappte ihn und legte ihn uns wieder vor die Füße. Er konnte denken und aufgrund seiner früheren Erfahrungen Entscheidungen treffen.

Auch Gefühle können höhere Tiere empfinden. So war unser Hund außer sich vor Freude, wenn jemand von der Familie heimkam oder er lag traurig neben dem Bett, wenn jemand krank war. Elefantenmütter bleiben noch einige Zeit bei ihren Kindern, wenn diese gestorben sind und folgen erst viel später ihrer Herde. Affen können richtig wütend und aggressiv werden, wenn Touristen ihnen Futter geben und dann plötzlich aufhören, obwohl sie noch welches bei sich haben.

Die Vorfahren der Menschen lernten wahrscheinlich vor ungefähr einer Million Jahren das Feuer zu beherrschen und Werkzeuge zu benutzen. Diese Fähigkeit hat sie lange von den Tieren unterschieden, ist aber nichts, was nur den Menschen vorbehalten ist. In letzter Zeit wurden Schimpansen beobachtet, die auch brennende Äste ergriffen und Steine als Werkzeug benutzten. Die Evolution geht weiter. Auch Tiere können menschliche Fähigkeiten erlernen.

Wie Versuche mit Schimpansen zeigten, haben sie kein Mitgefühl mit hungernden Artgenossen. Sie verhielten sich so, dass sie selbst am meisten Leckerbissen bekamen und gönnten anderen nur dann etwas, wenn sie dadurch noch mehr Futter erhielten. Auch die Urmenschen haben am Anfang wohl nur darauf geschaut, dass sie selbst genug zu essen bekamen. Das Mitgefühl hat sich erst im Laufe der Zeit entwickelt. Eine wesentliche Bedeutung könnte dabei das Feuer gehabt haben, denn die Entfachung und Betreuung eines Feuers verlangte die Zusammenarbeit von mehreren Menschen. Während der Nacht musste es immer brennen, um gefährliche Tiere fernzuhalten. Doch da alle einmal schlafen wollten, musste eine Ablösung vereinbart werden. Durch diese Zusammenarbeit musste man sich mit den anderen Menschen befassen. Vielleicht sind auf diese Weise die Sprache und Vertrauen und Mitgefühl entstanden.

Das Mitgefühl hatte in früheren Epochen noch keine große Bedeutung. Verletzte Krieger wurden einfach liegen gelassen, Sklaven brutal behandelt und die Todesstrafe – zum Beispiel durch Verbrennen – war weit verbreitet. Heute geht man zwar humaner mit Kranken, Gefangenen und seinen Gegnern um, aber die Evolution ist noch nicht abgeschlossen, es gibt noch viel Potential für ein Verhalten mit mehr Mitgefühl und Barmherzigkeit.

Mitgefühl ist eine Form der bedingungslosen Liebe, die wohl eine der höchsten Kräfte in der Schöpfung ist. Es könnte das Ziel aller Entwicklungen sein, die bedingungslose Liebe in unser Leben zu integrieren. Das Leben von Liebe und Mitgefühl setzt ein entwickeltes Bewusstsein voraus. Da das Bewusstsein bei den meisten Tieren noch nicht so weit entwickelt ist, wie bei den Menschen, haben sie noch kein Mitgefühl für andere. Auch bei den Menschen stehen die Rücksichtnahme und das Mitgefühl für Fremde noch in der Entwicklung.

Bewusstseinsstufen

Das Bewusstsein war bei der Entstehung des Menschen nicht plötzlich da, sondern hat sich über Jahrtausende entwickelt und dieser Prozess dauert auch heute noch an. Dies ist eines der spannendsten Merkmale des Menschen. Vielleicht ist das Bewusstsein das zentrale Merkmal des Lebendigen. Wenn ein Tier Hunger hat oder bedroht wird, merkt es dies durch ein Körpergefühl, durch einen Instinkt. Wahrscheinlich entwickelte sich das Bewusstsein des **archaischen** Menschen in einer *ersten Bewusstseinsstufe* vor vielleicht ca. 500 000 Jahren dahin, dass er sich bewusst wurde, wenn er Hunger hatte oder müde war. Dies befähigte ihn, sein Verhalten willentlich zu beeinflussen. Dabei drehten sich aber alle Handlungen ums Überleben (Nahrung, Verteidigung, Schlaf, Arterhaltung).

Allmählich, vielleicht vor ca. 200 000 Jahren, entwickelte sich das Bewusstsein in die *zweite,* **magische** *Bewusstseinsstufe*. Die Menschen erkannten, dass sich die Lebensbedingungen laufend veränderten. Manchmal regnete es zu viel und die Ernte verfaulte, dann herrschte wieder eine Trockenheit, durch die nichts richtig wachsen konnte. Es musste überirdische Mächte (Geister, Götter, etc.) geben, die dies und ähnliches, wie zum Beispiel Jagdglück, Fruchtbarkeit, etc. beeinflussten. Sie begannen in ihrer Sippe oder ihrem Clan diese Wesen zu verehren, damit sie ihnen wohlgesinnt waren (Opfer, Rituale, Magie). Diese Zeremonien fanden in Gruppen statt und der einzelne Mensch musste sich dem Clan und seinen Anführern unterordnen. Das Leben des einzelnen Menschen war noch nicht von Bedeutung. Heute ist diese Entwicklungsstufe noch bei Naturvölkern und im Aberglauben der modernen Bevölkerung anzutreffen.

Wenn wir der Entwicklung des Bewusstseins gemäß dem Buch „Spiral Dynamics" (oder „Gott 9.0") folgen, so wollten die Menschen sich nicht länger nur der Gruppe und ihren Ritualen unterordnen. Sie wollten selbst Macht über andere haben und die eigenen Bedürfnisse befriedigen. Es kam die **mythische** Zeit, vielleicht ab 10 000 Jahren v. Chr. Damals regierten die ersten machtvollen Herrscher über größere Reiche und vergrößerten diese durch häufige Kriege (zum Beispiel Alexander der Große, 356–323 v. Chr.). Dies ist die **heroische** Zeit der Heldensagen und -verehrung (zum Beispiel Odysseus). Auch das Gottesbild musste sich ändern, es entstand die griechische Götterwelt mit ihrer Hierarchie und ihren Machtkämpfen. Auch der zürnende und rächende Gott des Alten Testamentes gehört in diese Epoche. Dieses egozentrische, ausbeuterische Verhalten hat bis heute bei vielen großen und kleinen Diktatoren und Herrschern überlebt.

Spätestens am Ende der vorchristlichen Zeit begannen aber viele Menschen des Kämpfens müde zu sein. Das Bewusstsein eines großen Teils der Menschen hatte sich weiterentwickelt. Sie suchten Sicherheit durch allgemein gültige Verhaltensregeln und Gesetze, denen sich alle unterzuordnen hatten. Es bildeten sich allmählich *autoritäre* Gemeinschaften mit Gesetzen, denen sich alle unterziehen mussten. Einerseits gaben sie den Menschen Sicherheit, andererseits engten sie aber die Menschen ein. Diese **autoritäre** Staatsform mit **absolutistischer** Beurteilung von richtig und falsch wurde vor allem ab dem Mittelalter in der ganzen westlichen Gesellschaft beherrschend und ist auch heute noch in den meisten Staaten stark vertreten.

Ab der Neuzeit, ungefähr ab demso Ende des 16. Jahrhunderts, entwickelten sich die Menschen weiter. Nicht alle wollten sich einfach einer fremden Autorität unterwerfen, sie wollten ihre eigenen Interessen verwirklichen. Es folgte die Zeit der Revolutionen. Die Wissenschaft entstand und man begann zu forschen. Mit der Zeit zählte nur noch, was bewiesen werden konnte. Diese **pluralistische** (vielgestaltige) Lebenseinstellung setzt die eigenen (egoistischen) Ziele über die der Gesellschaft. Diese Epoche hat gegen Ende des 20. Jahrhunderts eine große Bedeutung erhalten, immer mehr Menschen leben und arbeiten vorwiegend *selbstverwirklichend* für ihre eigenen Interessen. Sie leben nach dem Lustprinzip und wollen das machen, was ihren Wünschen entspricht.

Doch auch da geht die Bewusstseinsentwicklung weiter. Heute gibt es viele Menschen, welche die sozialen Werte in den Mittelpunkt ihres Lebens stellen, die *basisdemokratische* Organisationen bilden und denen die zwischenmenschlichen Beziehungen wichtig sind. Sie suchen den **Konsens** unter Gleichgesinnten an Stelle von Macht, Konkurrenzkampf und Krieg. Oft finden sich diese Menschen in ökologisch engagierten Vereinigungen. Sie erkennen, dass wir nur gemeinsam die globalen Themen (wie zum Beispiel Erderwärmung) lösen können. So harmonisch die Beziehungen innerhalb dieser Gruppierungen sind, so verurteilend ist ihre Einstellung oft gegenüber Andersdenkenden.

Die Bewusstseinsevolution dauert weiter an. Seit Mitte des letzten Jahrhunderts wächst die Zahl der Menschen, welche die Verständigung zwischen andersdenkenden Gruppen sucht. Sie wollen *integrierend* wirken und nicht mehr stur an überlieferten Ansichten festhalten. Wichtig in dieser **integralen** Bewusstseinsstufe ist die Erkenntnis, dass die Menschheit in einem Entwicklungsprozess lebt und jede frühere Entwicklungsstufe ihren Sinn hat. Es gibt daher nichts und niemanden zu verurteilen und zu bekämpfen. Die Menschen in dieser integralen Bewusstseinsstufe akzeptieren die Gegenwart, wie sie ist, und sehen in allen Vorkommnissen die Möglichkeit, neue Erfahrungen zu machen und durch die gewonnenen Erkenntnisse die Entwicklung des Bewusstseins zu fördern.

Die nächste Evolutionsstufe ist das ***holistische*** Bewusstsein. Menschen in dieser Stufe haben erkannt, dass wir alle ein kleines Abbild eines großen Ganzen sind und leben diese Einstellung in ihrem Alltag. Sie sind sich bewusst, dass wir alle verschiedene Aspekte des selben Ursprung sind, und daher die materielle und die geistige Welt zusammengehören und alle Wesen miteinander verbunden sind.

Die hier aufgeführte Evolution des menschlichen Bewusstseins ist eine Theorie, die von verschiedenen Philosophen – zum Teil mit einigen Abweichungen – vertreten wird. Wie jede Theorie stimmt sie nur teilweise mit der Praxis überein. Sie trägt aber meines Erachtens viel zum besseren Verständnis des Verhaltens anderer Menschen bei.

Auf der Abbildung 1 sind die Bewusstseinsstufen und ihre Charakteristiken tabellarisch zusammengefasst. Wir durchlaufen diese Stufen nicht nur als Gesellschaft, sondern jeder einzelne Mensch durchläuft mindestens die ersten vier in seiner Jugend. Die weitere Entwicklung hängt von der Einstellung jedes Menschen ab und von seiner Offenheit für Neues.

Abbildung 1:
Übersicht über die Bewusstseinsstufen

Stufe	Grundanliegen	Zeitspanne ab ca.
Archaisch (beige)	Ernährung Überlebenswille	500 000 v. Chr. Säugling
Magisch (purpur)	Sicherheit Glaube an Geister	50 000 v. Chr. Kind ab 10. M.
Heroisch Mythisch (rot)	Herrschen und Macht selbstüberschätzend	10 000 v. Chr. Trotzphase Pubertät
Autoritär Absolutistisch (blau)	Recht und Ordnung konformistisch Glaubenssätze	3 000 v. Chr. Jugendgruppen
Pluralistisch Rational-modern (orange)	Erfolgsstreben Selbstverwirklichung freidenkend	1450 n. Chr.
Konsensorientiert Sozial (grün)	Gleichheit Gemeinschaft ökologisch	1850 n. Chr.
Integral Systemisch (gelb)	Verbundenheit Toleranz global denkend	1950 n. Chr.
Holistisch Universal (türkis)	Leben in Einheit All-Eins-Sein	1970 n. Chr.

Da jeder Mensch diese Bewusstseinsstufen durchläuft, haben sie in unserem Leben nicht nur eine theoretische Bedeutung. Wir selbst und jeder Mensch, dem wir begegnen, handeln aus einer bestimmten Bewusstseinsstufe heraus. Jede Bewusstseinsstufe hat ihren Sinn. Daher wäre es falsch, Menschen zu verurteilen, die aus einer niedrigeren Stufe heraus reagieren. Das wäre gleichbedeutend, wie wenn wir bei einem Haus sagen würden, nur die obersten Backsteine seien wertvoll und die unteren minderwertig. Wenn wir die unteren Steine wegnehmen, fällt das ganze Haus zusammen. Die unteren Steine braucht es als Fundament für die oberen. Genauso braucht es die unteren Bewusstseinsstufen, damit die höheren darauf aufbauen können. Wenn wir uns dessen bewusst sind, müssen wir niemanden mehr kritisieren und verurteilen. Wir können nur noch sagen „Dies ist eine Tatsache und ich kann sie nicht verändern". Wenn du, liebe Leserin, lieber Leser, dies in deinem Leben berücksichtigen kannst, wirst du dich viel weniger aufregen und manches verständnisvoller beurteilen können.

Bewusstseinsebenen

Neben diesen Bewusstseinsstufen gibt es aber auch noch die Bewusstseinsebenen. Sie sind ein Ausdruck der Gehirnaktivität:
- Delta-Wellen 0,5–4 Hz Tiefschlaf, tiefe Hypnose („ohne" Bewusstsein)
- Theta-Wellen 4–8 Hz Normaler Schlaf, Traum, Hypnose, tiefe Meditation
- Alpha-Wellen 8–12 Hz ruhiges, achtsames Verhalten, leichte Meditation
- Beta-Wellen 12–35 Hz Tagesbewusstsein, aktives, fokussiertes Denken, Verstand
- Gamma-Wellen >35 Hz höchste geistige Konzentration bei maximaler Hirnaktivität

Was hier so theoretisch und abstrakt dargestellt ist, hat in unserem Leben eine gewaltige Bedeutung, denn bei Kindern bis zum 6. oder 7. Lebensjahr arbeitet das Gehirn vorwiegend im Theta-Bereich. Das Kind lebt in einem Zustand ähnlich einer Hypnose. Das bedeutet, dass es sehr leicht beeinflussbar ist. Es nimmt alles als Wahrheit auf, was man ihm sagt und was es die Erwachsenen sprechen hört. Untersuchungen von Bruce Lipton haben gezeigt, dass 60–70 % aller Information, die im Gehirn des Kleinkindes gespeichert werden, negativer Art sind, wie: „Du kannst nicht ...", „Du verstehst dies nicht, du bist zu dumm ...", „Du solltest besser gehorchen", etc. Alle diese Aussagen werden im Unterbewusstsein des Kindes gespeichert und schwächen sein Selbstbewusstsein.

Wie wir im nächsten Abschnitt erfahren werden, lenkt das Unterbewusstsein einen großen Teil unseres Lebens. Viele Erwachsene werden während ihres ganzen Lebens durch diese negativen Informationen aus ihrer Kindheit beherrscht. Sie leiden und finden keinen Weg, diese aus ihrem Unterbewusstsein zu entfernen.

Bewusstseinsarten

In unserem Zusammenhang noch viel interessanter sind die Bewusstseinsarten. Man unterscheidet zwischen:

- **Unterbewusstsein**: Das Unterbewusstsein ist das Steuersystem, das 95 % unseres Lebens lenkt. Einerseits werden alle Organe und Körperfunktionen, auch Bewegungen damit gesteuert, andererseits werden in ihm alle Erfahrungen aus dem vergangenen Leben gespeichert. Es prägt damit unser spontanes Verhalten, unsere Reflexe, unsere Glaubenssätze und unsere Lebenseinstellung. Damit ist es der Sitz unserer Persönlichkeit und unseres Egos.

- **Scheinbares Bewusstsein**: Das scheinbare Bewusstsein ist das, was wir normalerweise als Bewusstsein schlechthin bezeichnen. Es ist unser Normalzustand im Alltag. Wir glauben, freie Entscheidungen treffen zu können, werden aber in der dazu nötigen Meinungsbildung von unserem Unterbewusstsein und den in ihm gespeicherten Erfahrungen und Glaubenssätzen beeinflusst, wenn nicht gar beherrscht. Hier sind vor allem alle Sätze aus unserer Kindheit gespeichert wie „Aus dir wird nie etwas Rechtes", „Du darfst Fremden nie trauen", „Du musst dich anstrengen, sonst genügst du nicht" und noch viele andere, die uns das ganze Leben unbewusst verfolgen und unser Denken und Verhalten steuern. Nur wenn wir in psychologischen Prozessen unsere Vergangenheit aufarbeiten, werden uns diese Zusammenhänge bewusst.

- **Unbewusst:** Dies ist ein Sammelbegriff für den Zustand des Unterbewusstseins und des scheinbaren Bewusstseins, in dem wir zwar bei Bewusstsein sind, aber automatisch (also unbewusst) so handeln, wie es in unserem Unterbewusstsein gespeichert ist.

- **Reflektiertes Bewusstsein**: Dies ist das Bewusstsein, das entsteht, wenn wir wie oben beschrieben in psychologischen Prozessen unser Unterbewusstsein kennen gelernt haben und unsere Entscheide nicht mehr nur auf den Erfahrungen des Unterbewusstseins basieren, sondern, da wir diese kennen, uns wirklich *frei* entscheiden können.

- **Überbewusstsein**: Wird auch höheres Bewusstsein genannt und ist verbunden mit unserer Seele. Damit ist es die Verbindung mit dem geistigen Feld. Ausdruck des Überbewusstseins sind die Intuition, Eingebungen, aber auch Liebe und Mitgefühl. Hierher gehören auch die Medialität und das Hellsehen.

Neben den Bewusstseinsstufen gibt es auch noch die Bewusstseinslinien, welche die verschiedenen Lebensbereiche wie Familie, Arbeit, Gesellschaft, Religion, etc. abdecken. Jeder Mensch kann in den verschiedenen Bewusstseinslinien unterschiedliche Bewusstseinsstufen haben. Wer sich für die Details interessiert, dem empfehle ich das Buch „Gott 9.0".

Schlussfolgerungen

Für mich ist das Bewusstsein ein zentrales Element des Menschen. Es hängt zu einem großen Teil vom Bewusstsein ab, wie ein Mensch sein Leben meistert. Da alle Menschen auf einer geistigen Ebene miteinander verbunden sind, bilden alle Menschen ein gemeinsames Bewusstsein. Dies wird auch das *kollektive Überbewusstsein* genannt. Dieses Menschheitsbewusstsein und seine Entwicklung zu mehr Liebe und Mitgefühl ist vielleicht das wesentliche Ziel unseres Daseins.

Die Entwicklung unseres Bewusstseins kann auch zu Problemen in unserer Gesellschaft führen. So gibt es in einem demokratischen Land trotz pluralistisch aufgebauten Staatsgefüge immer mehr Reglementierungen, die uns in unserem Alltag einschränken. Der Staat erlässt diese, da immer mehr Menschen ihre Selbstverwirklichung leben wollen und dabei mit ihrem Verhalten in einen Graubereich vorstoßen, der bisher toleriert wurde, da bis anhin nur sehr wenige Menschen in ihn vorgedrungen. Solche Graubereiche sind zum Beispiel:

- Musik hören in der Öffentlichkeit
- Freizeitaktivitäten, die andere stören
- Zunehmender Energieverbrauch
- Vorschriften für den Straßenverkehr
- Sammeln von Unterschriften auf der Straße

- Liegenlassen von Abfall in der Natur
- Betteln

Da sich je länger je mehr Menschen in solchen Bereichen betätigen und Rechte für sich beanspruchen, die andere stören, muss der Staat für Ruhe und Ordnung sorgen und neue Gesetze und Verbote erlassen. Dadurch fühlen sich aber die betroffenen Menschen eingeschränkt und opponieren. Diese Tendenz wird zunehmen, bis ein überwiegender Anteil der Menschen die integrale Bewusstseinsstufe erreicht hat. Ob und wann dies eintreffen wird, steht in den Sternen.

Wichtig ist, dass immer mehr Menschen erkennen, dass jetzt die Zeit des Überganges vom Kopfdenken (Verstand) zum Herzdenken (Gefühl und Identifikation) gekommen ist. Heute möchten noch viele Menschen und Gruppierungen zurück ins alte Muster, und daraus entstehen weltweite Spannungen. Doch die Entwicklung des Lebens geht immer vorwärts, dem Licht und der Liebe entgegen.

7. Bewusstheit und Achtsamkeit

Bewusstheit ist kein Bewusstseinszustand, gehört aber nach meiner Ansicht trotzdem hierher. Bewusstheit ist das Maß, in dem ich nicht unbewusst, sondern aus meinem reflektierten Bewusstsein heraus handle. Viele Menschen kennen weder ihre Bewusstseinsstufe, in der sie hauptsächlich leben, noch wissen sie etwas über das scheinbare Bewusstsein. Damit können sie auch die Motivation nicht ergründen, aus der heraus sie ihre Entscheidungen im Leben treffen. Sie leben nach ihren Glaubenssätzen und den Kriterien, wie sie es in ihrer Jugend gelernt haben. Entweder verhalten sie sich gleich oder genau gegenteilig. Auf alle Fälle hat sie ihre Jugend oder ihr späteres Leben geprägt. Diese Prägung formte ihren Charakter und ihre Persönlichkeit und diese sind in ihrem Unterbewusstsein abgespeichert. Solche Menschen sind zwar bei Bewusstsein, aber dieses ist nur scheinbar frei. Sie leben im scheinbaren Bewusstsein und wissen nicht, dass sie durch ihr Unterbewusstsein gesteuert werden. Im Prinzip sind sie in ihren Entscheidungen nicht frei, sondern sie sind an ihre Erfahrungen gebunden und halten an diesen fest. Neurowissenschaftler haben durch Versuche festgestellt, dass unser Unterbewusstsein zu ca. 95 % unser Denken und Verhalten bestimmt. Erst durch Weiterbildung und eigene Erkenntnis beginnen wir uns selbst und unsere Denk- und Handlungsweise zu erkennen und können uns die Frage stellen: „Will ich wirklich so sein? Entspricht mein Verhalten meinem wirklichen *Ich* oder reagiere ich einfach aus meiner Routine heraus?"

Erst wenn wir uns diese Fragen stellen, erst durch dieses reflektierte Bewusstsein, verliert das Unterbewusstsein allmählich seine 95%ige Übermacht. Dann können wir beginnen frei zu denken und zu entscheiden. Wir können dieses und jenes hinterfragen und uns eine eigene, wirklich freie Meinung bilden. Vielleicht lassen wir dabei auch unser Herz mitsprechen und hören auf unsere innere Stimme. Dieser Prozess wird Bewusstheit genannt. Wobei diese Freiheit wiederum relativ ist, denn unser Geist bleibt beschränkt, es wird uns wohl nie gelingen, die absolute Wahrheit zu erkennen. Aber das Leben kann zu einem Prozess werden, der uns ermöglicht, in dieser Beziehung einige Fortschritte zu machen. Doch es ist wichtig, trotz diesen Fortschritten – oder vielleicht gerade wegen ihnen – demütig zu bleiben.

Wenn wir aus unserem *scheinbaren* Bewusstsein heraus handeln, dann fühlen wir uns oft als Opfer unserer Umgebung oder unseres Schicksals, beklagen uns und verurteilen andere Menschen. Erst durch das reflektierte Bewusstsein erkennen wir die Zusammenhänge und Hintergründe und können dadurch in allem, was geschieht, einen Sinn erkennen. Nicht mehr Opfer sein zu müssen, ist eine große Befreiung. Wir werden zum Mitschöpfer unseres Lebens, was eine immense Bereicherung im Alltag ist. Durch Bewusstheit können wir auch eigene, uns störende Glaubenssätze verändern. Bewusstheit ist ein Maß des Selbsterkennens und der Selbstverantwortung für unser Verhalten. Bewusstheit ist ein Ausdruck der persönlichen Reife. Es kann zum Lebensziel werden, die eigene Bewusstheit zu fördern.

Hier möchte ich noch eine provokative Frage einfügen: „Können höher entwickelte Tiere (zum Beispiel Schimpansen, als genetisch am nächsten mit den Menschen verwandte Tierart) auch eine Bewusstheit haben und zum Beispiel an einen Gott oder an ein Leben nach dem Tod glauben oder ist dies der entscheidende Unterschied zwischen den Menschen und den Tieren?" Ich kann diese Frage nicht beantworten. Doch ich bin der Überzeugung, dass ein Glaube an etwas Übersinnliches nur mit Selbstreflexion möglich ist und Selbstreflexion ist ein Ausdruck der Bewusstheit.

Achtsamkeit

Zur Bewusstheit gehört immer Achtsamkeit, das heißt, wir müssen im Alltag ständig darauf achten, aus welcher Quelle unser Verhalten gelenkt wird. Wenn wir erkennen, dass wir uns oder andere verurteilen oder sonst nicht liebevoll denken und fühlen, können wir sofort eingreifen und unsere Gedanken bewusst in eine andere Richtung lenken, die mehr unserem wahren Selbst und dem Frieden in uns entspricht. Achtsamkeit ist ein Überwachen unseres eigenen Bewusstseins und der eigenen Gedanken. Je häufiger wir achtsam sind auf die Energie unserer momentanen Gedanken und Gefühle, desto grösser ist unsere Bewusstheit.

Ich kenne Achtsamkeit einerseits in der ruhigen Meditation im stillen Kämmerlein, wenn ich aufpasse, dass meine Gedanken nicht abschweifen. Wenn sie dies doch tun, stelle ich dies sofort fest und hole sie wieder zurück zum Meditationsthema. Schwieriger wird es für mich, wenn ich irgendwo unterwegs bin und neben der Beobachtung der Umgebung immer noch einen Teil meiner Aufmerksamkeit in mich hineingerichtet haben soll, um meine Gedanken und meine augenblickliche Einstellung zu überwachen. Damit will ich zum Beispiel verhindern, dass ich ins Urteilen komme, sondern dass ich alles, was mir begegnet, gelassen in mich aufnehme. Am schwierigsten ist es für mich, diese Achtsamkeit auch in einer angeregten Diskussion aufrecht zu halten und nicht reflexartig aus meinen Glaubenssätzen und vorgefassten Ansichten zu reagieren.

Durch Achtsamkeit steigt die Bewusstheit und damit die Möglichkeit Selbstverantwortung für unser Leben zu übernehmen. Damit leben wir nicht einfach nach den Maßstäben, die Autoritätspersonen – meist in unserer Jugend – uns gelernt haben, sondern wir können diese selbst hinterfragen.

8. Was ist der Sinn des Lebens?

Für viele Menschen in armen Verhältnissen und in Not ist das Überleben des Tages schon schwierig. Für sie steht der Sinn des Lebens wohl kaum im Mittelpunkt ihres Denkens. Aber für uns Menschen in einer modernen Zivilisation, in der alles zu haben und vieles möglich ist, sollten wir uns gelegentlich Gedanken machen, ob es der Sinn des Lebens sein kann, hart zu arbeiten und stressig zu leben, um einen möglichst hohen Lebensstandard zu erreichen. Dies gibt höchstens ein kurzfristiges, materielles Glück und vieles andere bleibt auf der Strecke. Die Ressourcen der Erde werden übermäßig ausgebeutet, um unseren Wohlstand zu sichern, die Natur leidet und die Erderwärmung nimmt fast ungebremst zu. Auch gehen immer mehr Beziehungen auseinander, weil sich die Partner in andere Richtungen entwickeln und die gestellten Erwartungen nicht mehr erfüllt werden. Wir haben einen sehr egoistischen Lebensstil erreicht. Es geht meistens um uns selbst, unsere Selbstverwirklichung und unser scheinbares Glück. Aber die Bäume wachsen nicht in den Himmel und vielleicht ist heute der richtige Zeitpunkt, unser Lebensziel und unser Streben zu überdenken. Besteht vielleicht der Sinn der bestehenden Corona-Pandemie auch darin, unserem Treiben Einhalt zu gebieten und uns Gedanken zu machen, wie es mit der Menschheit weitergehen soll?

Schon die prähistorischen Menschen vor vielleicht 20 000 Jahren lebten nicht nur, um sich zu ernähren und sich fortzupflanzen, auch nicht nur um ihre materiellen und sozialen Bedürfnisse zu stillen. In verschiedenen Kulturen hat man aufwendig angelegte Gräber mit reichen Grabbeigaben gefunden. Dies weist darauf hin, dass schon jene Menschen an ein Leben nach dem Tod geglaubt haben. Neben dem ganz profanen

Zweck des Überlebens und der Arterhaltung gab es eine Vorbereitung auf das, was nach dem Leben kommt. Ganz extrem war dies im alten Ägypten, wo die Pharaonen in großen Grabkammern mit unermesslich prunkvollen Beigaben und durch Mumifizierung auf ein späteres Leben vorbereitet wurden.

Auch noch im Mittelalter stand in den westlichen Kulturen die Vorbereitung auf das Leben nach dem Tod im Zentrum des Lebens. Es wurde viel getan, um in den Himmel zu kommen, was der umfangreiche Ablasshandel beweist. Erst in der Neuzeit, als die Wissenschaft und das logische Denken die Gesellschaft immer mehr beherrschten, verlor das In-den-Himmel-kommen allmählich an Bedeutung. Heute streben die meisten Menschen in der westlichen Welt nach materiellen Gütern. Sie möchten ein möglichst angenehmes Leben haben, vielleicht in einem bescheidenen Wohlstand, mit überschaubaren Risiken und mit einer ihren Bedürfnissen entsprechenden Sicherheit.

Es gibt aber eine wachsende Zahl von Menschen, die einsehen, dass der wahre Sinn des Lebens nicht in der Anhäufung von materiellen Gütern und einem Leben in Luxus bestehen kann. Auch berufliche oder politische Erfolge geben meistens nur eine kurze Befriedigung. Das Bewusstsein der Menschen ist heute vielfach weiterentwickelt als im Mittelalter und die Vorstellungen über die geistige Welt und ein Leben nach dem Tod sind – auch durch die Verbreitung von Nahtoderfahrungen – viel konkreter geworden. Durch die ständige Weiterentwicklung des menschlichen Bewusstseins bekommen heute neue Werte im menschlichen Leben eine immer größere Bedeutung. Durch die Erkenntnisse der modernen Quantenphysik kann die Existenz des Geistigen oder Übersinnlichen durch die Wissenschaft bewiesen werden. Dies wird allmählich auch Skeptiker und Atheisten von dessen Bedeutung überzeugen.

Schon bei den höheren Tierarten kann man erkennen, wie die Beziehung zwischen den einzelnen Tieren eine große Bedeutung hat. Einerseits ist sie für die Fortpflanzung wichtig, aber es gibt auch Rivalitäten, vertrautes Spielen, und es gibt die Mutter, die ihr Junges über Monate bis Jahre versorgt und betreut. Bei den Menschen, als den am weitesten entwickelten Lebewesen, hat die zwischenmenschliche Beziehung eine noch größere Bedeutung erhalten. Es hat sich dabei noch eine weitere Beziehungsform entwickelt: das Mitgefühl.

Mitgefühl ist eine Anteilnahme am Befindlichkeitszustand von Mitmenschen. Dazu braucht es Einfühlungsvermögen und vor allem ein Zurücknehmen des eigenen Egos. Nicht mein Befinden ist wichtig, sondern dasjenige des Mitmenschen. Dies ist ethisch und moralisch ein anspruchsvolles Verhalten, vor allem wenn es sich beim Mitmenschen nicht um jemand aus der eigenen Familie oder um eine befreundete Person handelt, sondern um einen Unbekannten, einen Fremden. Solch selbstloses Handeln setzt ein Denken und Fühlen auf einer höheren Bewusstseinsstufe voraus. Es ist also ein Zeichen einer persönlichen Reife. Da ein Blick zurück in die Vergangenheit der Menschheit zeigt, dass sich das Bewusstsein seit prähistorischer Zeit entwickelt hat und ein Ende dieser Entwicklung nicht absehbar ist, scheint das mitfühlende Wirken immer mehr Gewicht im Leben der Menschen zu erhalten.

Eine postmoderne Lebensauffassung könnte daher lauten: „Es geht in deinem Leben nicht darum, dass es dir materiell und gesundheitlich gut geht und dass du alles hast, was du glaubst haben zu müssen. Du hast dein Leben erhalten und dies ist ein großes Geschenk. Es geht in deinem Leben darum, wie du mit diesem Geschenk umgehst, es als Geschenk behandelst und weitergibst. Es geht in deinem Leben darum, was du vom Erhaltenen an andere weitergibst. *Mache jeden Ort durch deine Anwesenheit etwas besser, heller und liebevoller!* Fühle dich mit allem und allen verbunden, nicht nur mit deinen Liebsten, sondern mit allen Menschen, sogar mit allen Lebewesen und auf eine weitere Art mit aller Materie und dem ganzen Universum. Tu dir dabei aber keinen Zwang an. Du musst keine Vorgaben erfüllen, aber versuche immer öfter, achtsam zu sein, um aus dem Herzen zu handeln und deine liebevollste Seite zu leben, auch gegenüber dir selbst." Dazu gibt es den ganz einfachen, alten Leitspruch: „Was du nicht willst, dass man dir tu', das füg auch keinem andern zu."

Die Frage ist daher nicht mehr: „Wie muss ich mich verhalten, damit es *mir* gut geht?" Sondern: „Wie kann ich mich verhalten, damit meine Mitmenschen möglichst viel Gutes durch mich erfahren?" Gutes bedeutet unter anderem Mitgefühl oder ein Verhalten, das die Not lindert und den Mitmenschen unterstützt und ihn erfreut. Könnte es sein, dass ein wesentlicher Sinn unseres Lebens darin liegt, dass wir achtsam sind, wie wir uns verhalten können, damit andere Menschen etwas Erfreuliches, Aufbauendes und Liebevolles durch uns erfahren?

Eine Antwort auf diese Frage kannst du nirgends nachlesen. Nur in deinem Herzen findest du die für dich stimmende Antwort. Setze dich an einen ruhigen, ungestörten Ort, konzentriere dich ein paar Minuten auf deinen Atem und auf dein Herz und stelle dir dann die Frage: „Was ist wichtig in meinem Leben? Schaue ich nur, dass es mir gut geht, dass ich im Wohlstand lebe und meine Bedürfnisse und Wünsche erfüllt sind oder auch was andere Menschen Liebenswertes durch mich erhalten?" Unser Bewusstsein ist heute so weit entwickelt, dass wir nicht mehr auf fremde Autoritäten hören müssen, wie zum Beispiel die Kirche, sondern dass wir solche Antworten in uns selbst finden können. Dies ist sehr erfüllend, verlangt aber, dass wir Eigenverantwortung für unser Denken und Handeln übernehmen.

Darum ist für mich die kürzeste Zusammenfassung dieses Kapitels: **"Der Sinn des Lebens ist, dem Leben einen Sinn zu geben."**

Ich muss hier unbedingt noch einflechten, dass kein Meister vom Himmel gefallen ist, wie man im Volksmund sagt. Es ist voll verständlich, dass wir dieses Ansinnen der spendenden Liebe nur zu einem kleinen Teil erfüllen können. Wir sind hier zum Üben und um Erfahrungen zu machen. Wenn wir perfekt wären, könnten wir nichts mehr üben und unser weiteres Leben hätte keinen Sinn. Wir brauchen keine Minderwertigkeits- oder Schuldgefühle zu haben, wenn wir scheinbar versagen. Wir sind hier, um Erfahrungen zu machen und dazu gehört, dass wir Fehler machen, denn nur aus Fehlern können wir lernen, wie wir es nicht machen sollen. Dann versuchen wir es das nächste Mal auf eine andere Art, bis wir erfolgreich sind. Wenn wir alles schon richtig machen würden, wäre unser Lebensziel erreicht und wir hätten keine Perspektive mehr.

Niemand ist vollkommen. Aber wir sollten achtsam sein, wie wir leben: fördern wir das, was wir wirklich sein wollen oder leben wir einfach nur so dahin, wie es für uns am bequemsten ist. Es gibt hier kein richtig oder falsch und daher gibt es nichts und niemanden zu verurteilen. Jede und jeder macht das, was sie/er in ihrem/seinem Innern spürt, was im Augenblick für sie/ihn stimmt. Dies gilt für uns selbst wie auch für unsere Mitmenschen.

Mitgefühl und bedingungslose Liebe zu geben ist recht anspruchsvoll. Es braucht eine gewisse Lebensreife oder eine natürliche Verbundenheit mit dem Geistigen, um das Wesen dieser bedingungslosen Liebe zu erkennen und zu leben. Da sich das Bewusstsein der Menschheit immer weiterentwickelt, kann ich mir gut vorstellen, dass diese Liebe im Leben der Menschen in Zukunft eine immer größere Bedeutung erhält und zum Sinn und Zweck des Lebens werden könnte.

Es ist meine feste Überzeugung, dass dieses In-Sich- Hineinspüren und auf die innere Stimme hören im Laufe der Evolution unseres Bewusstseins eine immer wichtigere Rolle einnimmt. Früher brauchten wir Stammesführer und Regenten, die für uns Entscheidungen trafen, doch heute sind immer mehr Menschen in der Lage, Eigenverantwortung zu übernehmen. Dies tönt sehr positiv, hat aber den entscheidenden Nachteil, dass wir dann nicht mehr die Schuld auf die anderen abschieben können, um uns selbst als das arme Opfer zu beklagen.

Da wir in der Dualität leben und unser Ego glaubt, vom Göttlichen getrennt zu sein, leben wir mit einem unbestimmten Gefühl eines Mangels. Es fehlt uns etwas zu unserer Vollkommenheit oder Ganzheit. Oft ist es unser Lebensziel, diese Lücke auszufüllen, indem wir nach materiellen Gütern streben, nach Erfolg im Beruf und vielfach auch in einer Liebesbeziehung das uns Fehlende suchen. Doch meistens können wir dadurch nur für eine kurze Zeitspanne Glück und Zufriedenheit erlangen. Da wir auf diesem Weg unsere eigentliche Sehnsucht nach einer geistigen Verbundenheit nicht erfüllen können.

Seit die Menschheit existiert, leben wir in diesem durch materielle Güter unerfüllbaren Wunsch nach Ganzheit unserer Person. Darum kann uns ein materielles Lebensziel nie ganz befriedigen. Heute sind wir aber am Anfang einer Epoche, in der die Menschen mehr und mehr Zugang zu einem höheren Bewusstsein haben und erkennen, dass es vor allem geistige Werte und insbesondere das Mitgefühl und die bedingungslose Liebe sind, die uns einen wirklich erfüllenden Lebenssinn geben können.

Bedingungslose Liebe ist etwas Befreiendes, sie nimmt uns alle Angst. Darum frage dich bei allem, was du tust: „Macht dies mich und die anderen frei oder engt es mich ein und macht mich und die anderen unfrei?" Durch diese neue Einstellung erhält unser Leben eine ganz andere Bedeutung. Wir konzentrieren uns nicht mehr nur auf das materielle Leben, den Wohlstand und das Wirtschaftswachstum, sondern das Miteinander und die universelle Verbundenheit gewinnen allmählich ihren Platz in unserem Bewusstsein.

Wir müssen uns klar sein, alle unsere Gedanken und Gefühle sind mit Energie verbunden. Unsere Taten sind dies sowieso. Diese Energien bewirken etwas in unserem näheren oder weiteren Umfeld und lösen dort eine Reaktion auf unser Denken und Verhalten aus. Oft sind wir uns dieses Zusammenhangs nicht bewusst und beklagen uns. Wir fühlen uns als das arme Opfer. Dabei sind wir Schöpfer dieses Ergebnisses. Gerade in der heutigen Zeit ist es wichtig, dass wir uns dieses Zusammenspiels bewusst werden, denn die Klimaveränderung ist durch uns verursacht, Kriege und Hungersnöte auch und die Corona-Epidemie ist nach meiner Überzeugung auch nicht Zufall.

Wir alle haben unsere Krisen in unserem Leben und oft läuft es gar nicht so, wie wir dies möchten. Dann fällt es uns schwer an einen übergeordneten Zusammenhang von allem und an eine bedingungslose Liebe Gottes zu glauben. So erging es mir in meinem Leben auch mehrmals. Aber irgendwann habe ich erkannt, dass alles Negative auch eine positive Seite hat, so haben auch unsere Lebenskrisen etwas Gutes für uns bereit, wenn wir dafür offen sind. Auf dies möchte ich im nächsten Kapitel näher eingehen.

9. Der Seelenauftrag

Wir haben im letzten Kapitel gesehen, dass das Leben nicht nur materielle Ziele hat. Die materiellen Bedürfnisse sind zwar wichtig, denn wir müssen Essen, Kleider und eine Behausung haben, doch dies sind eher Mittel zum Zweck. Wir müssen leben können, um viele verschiedene Erfahrungen zu machen. Unsere Erfahrungen im Laufe des Lebens, was wir daraus lernen und wie wir dadurch unseren Bewusstseinshorizont erweitern, ist das Wichtigste in unserem Leben. Im Grunde sind wir geistige Wesen und sollen dies und die Verbundenheit von allen mit allem *wieder*erkennen. Wiedererkennen darum, weil unsere Seele dies schon lange weiß, nur durch unsere Geburt auf Erden ist dieses Wissen aus unserem Bewusstsein entschwunden, damit wir die Möglichkeit haben, davon unbelastet unsere Erfahrungen zu machen.

Nun ist es aber so, dass jeder Mensch ein individuelles Schicksal hat. Jeder startet durch seine Geburt an einem anderen Ort und muss von dort aus seinen Weg gehen, um schrittweise allmählich die große Weisheit der Verbundenheit und der bedingungslosen Liebe zu erkennen. Der eine lebt in Armut, der andere im Wohlstand, der eine in einem zivilisierten Staat, der andere in einem Entwicklungsland, der eine hat die Möglichkeit eine gute Ausbildung, der andere muss schon als Kind arbeiten, der eine ist gesund, der andere wurde schon mit einer Behinderung geboren. So sind keine zwei Leben gleich, denn jede Seele will andere Erfahrungen in diesem Leben machen. Jede Seele hat ihren Auftrag, den sie in diesem Leben erfüllen will.

Dieser Seelenauftrag hat eine ähnliche Bedeutung wie das Karma im Buddhismus und Hinduismus, nur dass das Karma den Menschen in eine Lebenssituation bringt, die er sich aufgrund seiner Denk- und Verhaltensweise im letzten Erdenleben geschaffen hat und dessen Konsequenzen er jetzt ausbaden muss. Dieses Ursache-Wirkungsprinzip wird oft als Strafe für frühere Verfehlungen betrachtet. Der Seelenauftrag dagegen ist ohne Bewertung von gut und schlecht. Der Seelenauftrag ist neutral, er geht von der Annahme aus, dass jede Seele die vielfältigsten Erfahrungen machen und frei bestimmen kann, welche Erfahrungen sie für dieses Leben wählt.

Oft haben wir Mitleid mit Menschen, die ein schweres Schicksal oder eine Behinderung haben. Dabei kann es sein, dass deren Seelen schon alles auf dieser Erde gelernt haben und jetzt die letzte Prüfung bestehen müssen. Vielleicht sind sie in ihrem Zustand sogar ganz zufrieden, denn sie wissen innerlich, um was es geht. Unser Mitleid gilt oft uns selbst, weil wir uns vorstellen, wie schrecklich es für uns wäre, an deren Stelle zu sein. Ich bin immer wieder erstaunt, wenn ich eine Familie mit einem behinderten Kind kennenlerne. Da sind oft ganz andere Werte von Bedeutung. Das Leben ist äußerlich wohl beschwerlich, aber seelisch viel tiefgründiger. Ich muss aber sagen, ich bewundere solche Menschen und weiß nicht, ob ich ein solches Schicksal auch so gefasst ertragen könnte.

An einem Seminar im Jahr 2007 erwähnte die Leiterin, Renée Bonanomi, die Parabel von den zwei befreundeten Seelen, die sich in der geistigen Welt auf ihr nächstes Erdenleben vorbereiteten. Die eine Seele, nennen wir sie „A", sagte: „Ich möchte in diesem Leben die Vergebung erlernen, denn ich finde, dies ist eine der wertvollsten Verhaltensweisen." Und sie fragte die andere Seele, nennen wir sie „B", ob sie ihr dabei helfen wolle. B zögerte, weil sie spürte, dass dies eine schwierige Aufgabe werden würde, willigte dann aber auf das inständige Bitten von A doch ein, ihr bei der Erfahrung des Vergebens zu helfen. Beide Seelen wurden auf der Erde im Körper eines

Kindes geboren und wuchsen auf, ohne sich zu kennen. Der Mensch mit der Seele A wurde Mutter eines Kindes, das gesund und fröhlich heranwuchs, bis es eines Tages von einem unaufmerksamen Autofahrer auf einem Fußgängerstreifen überfahren wurde und starb. Diese Mutter war sehr traurig und schimpfte zornig über den unachtsamen Autofahrer und freute sich auf den Gerichtsprozess, in dem dieser seine gerechte Strafe erhalten sollte. Sie litt stark und glaubte dem Täter nie vergeben zu können. Eines Nachts träumte sie von einem Engel, der sehr traurig und verzweifelt war, da er aus Liebe zu einer anderen Seele deren Kind überfahren hatte. Er musste dies tun, denn nur so hatte diese Mutter die Gelegenheit zu lernen, einem anderen Menschen zu verzeihen.

So hat alles, was in unserem Leben geschieht seinen Sinn. Alles was wir erfahren, hat eine Bedeutung für uns. Meistens erkennen wir den tieferen Sinn dessen, was wir erleben nicht, hadern mit unserem Schicksal und verurteilen den bösen Menschen, der uns dies angetan hat. Aber nur wenn es gelegentlich nicht so läuft, wie wir dies eigentlich möchten, können wir lernen, unser Denken und Verhalten zu überdenken. Es ist verständlich, dass wir uns am Anfang nicht sehr einsichtig verhalten. Wir möchten, dass die Krise oder Notsituation möglichst schnell vorbeigeht und wir wieder das bequeme Leben wie früher haben. Aber die Botschaft von Schmerzen, Krankheit und ungeliebten Situationen ist die: „Sei aufmerksam, das Schicksal zeigt dir, dass du etwas ändern sollst." Oft wird uns eine ähnliche Situation immer wieder begegnen, bis wir gelernt haben, diese zu akzeptieren, ohne uns aufzuregen und ohne sie zu verurteilen. „Krise gleich Chance" ist vielleicht nicht nur ein leerer Spruch.

Eine andere Parabel steht in der Bibel. Judas, der untreue Jünger von Jesus von Nazareth, hat seinen Meister an die Söldner verraten. Nur darum konnte Jesus gekreuzigt werden. Dies haben die Christen Judas nie verziehen. Ich möchte aber zu bedenken geben, dass die Botschaft von Jesus nur durch seinen Tod am Kreuz und seine Auferstehung an Ostern so wirkungsvoll übermittelt wurde. Wäre Jesus von Nazareth weiterhin als Prediger tätig gewesen, bis er im hohen Alter eines natürlichen Todes gestorben wäre, hätte sein Leben wohl kaum die gleiche Bedeutung für die Christen erhalten. Es brauchte die schändliche Tat von Judas, damit Christus auferstehen konnte. Darum sollten wir Judas dankbar sein und uns immer wieder überlegen, wen wir in unserem Leben verurteilen.

Das Leben ist zum Lernen da und die Menschen können lernen, ihre eigenen Reaktionen und Emotionen auf die äußeren Geschehnisse als Wegweiser für ihre Entwicklung zu erkennen. Menschen, die sich für eine spirituelle Evolution interessieren, erkennen, dass die Erfahrungen in der materiellen Realität die Grundlage sind für ihre spirituelle Entwicklung. Das bedeutet, dass das materielle und das geistige Leben zusammengehören. Wir müssen nicht ins Kloster gehen und uns unseres ganzen Besitzes entledigen, sondern im Gegenteil, wir sollen lernen, wie Alltagserfahrungen zu unserer spirituellen Entwicklung beitragen können. Wir brauchen unser Ego und seine materiellen Begierden, aber diese sollten nur den Zweck haben, dass wir unser Bewusstsein weiterentwickeln können. Dazu ist es sinnvoll, dass wir achtsam sind und uns nicht einfach von unserem Unterbewusstsein oder scheinbaren Bewusstsein treiben lassen.

Ich habe versucht, dieses Zusammenspiel vom Bestreben der Seele und den Begierden des Egos in Abbildung 2 darzustellen. Das äußere Leben findet auf der materiellen Zielachse statt. Je mehr wir unsere materiellen Wünsche und Begierden befriedigen können, desto länger ist die Strecke von der Zeitachse zur Linie des Bestrebens unseres Egos. Und je größer unsere spirituelle Entwicklung ist, desto länger ist die Strecke von der Zeitachse zur Linie des Bestrebens unserer Seele. Im in Abbildung 2 aufgezeichneten Beispiel beginnt der materielle Erfolg bei der Geburt bei null, während auf der Lernachse schon eine spirituelle Entwicklung vorhanden ist, die die Seele in dieses Leben mitgebracht hat. Im Laufe der Zeit werden immer mehr äußere Ziele erreicht, das heißt die Linie zwischen der Zeitachse und dem Bestreben des Egos wird immer länger, bis eine Lebenskrise eintritt. Durch diese Lebenskrise wird in unserem Beispiel die spirituelle Entwicklung angeregt und die Linien des Bestrebens der Seele länger. Gegen Ende des Lebens müssen wir alle materiellen Gewinne loslassen, das geistige Wachstum können wir aber ins Jenseits mitnehmen.

Abbildung 2:
Materielle und spirituelle Lebensachse

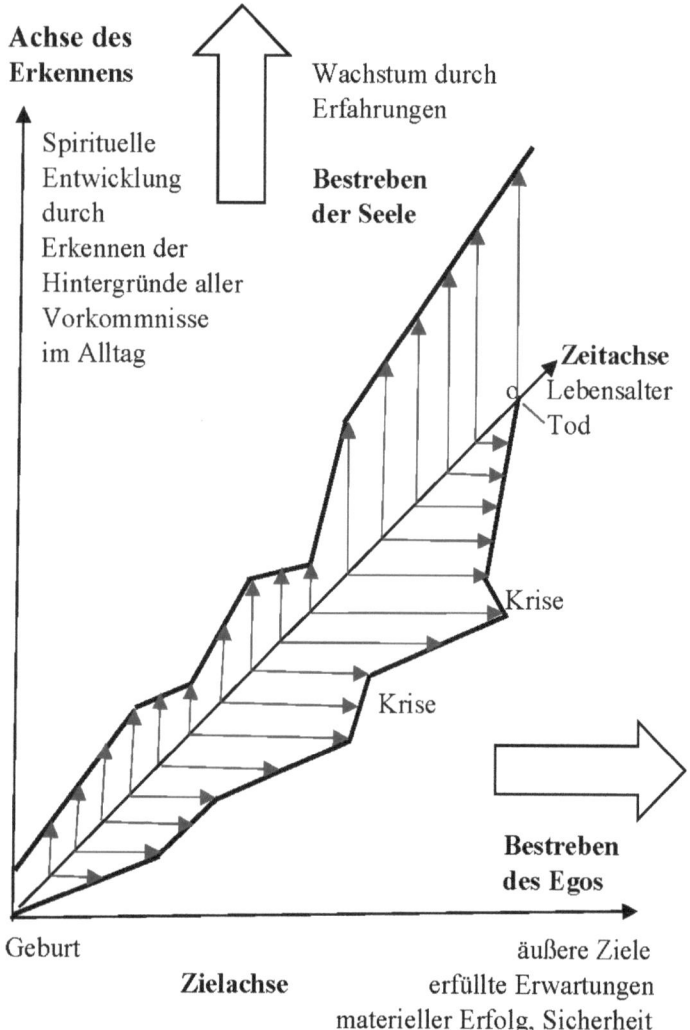

Unser Ego möchte einen materiellen Erfolg auf der Zielachse, doch dies ist nicht der primäre Sinn unseres Lebens. Das Wesentliche ist ein Fortschritt auf der Lernachse zur Entwicklung unseres Bewusstseins hin zu mehr gelebter, bedingungsloser Liebe.

Leider ist es nicht bei allen Menschen so, dass sie sich durch ihre Lebenskrisen spirituell weiterentwickeln. Viele Menschen erkennen diesen Zusammenhang nicht und bleiben in ihrer Opferrolle, hadern mit dem Schicksal und verurteilen die bösen Menschen, die ihnen dies angetan haben. Dieser Widerstand gegen den Veränderungsprozess verursacht physischen Stress und bindet viel emotionale Energie, die dann zur Gestaltung einer sinnvollen Zukunft fehlt. Der materielle Erfolg auf der Zielachse, wie es unser Ego sieht, ist nicht der primäre Sinn unseres Lebens. Sondern das wesentliche ist ein Fortschritt auf der Lernachse zur Entwicklung unseres Bewusstseins hin zu mehr gelebter, bedingungsloser Liebe.

Der oberflächliche Betrachter glaubt oft, die Errungenschaften auf der Zielachse seien die höchste Form der menschlichen Erfüllung. Dabei wird normalerweise Folgendes vergessen:
1. Alle materiellen Errungenschaften müssen auch verteidigt werden, daher entsteht daraus ein Kampf
2. Durch das Erreichte auf der Zielachse ist man nur kurzfristig glücklich, dann sucht man ein nächstes Erlebnis, das Glück bringen soll.
3. Um zu Erwachen und die nächsten spirituellen Schritte zu erkennen, muss man bereit sein, alles bisher Erschaffene loszulassen und offen zu sein für Neues.
4. Die materielle Realität existiert nur zum Zweck der spirituellen Entwicklung.

Die spirituelle Entwicklung ist der eigentliche Sinn des Lebens. Wenn wir aber alle Energie und Zeit auf die Zielachse lenken, bleibt nichts übrig für die Lernachse. Das Wesen der Spiritualität ist das Entdecken und Leben der Liebe. Das ist das Gegenteil der auf der Zielachse durch das Ego gelebten Angst und der Illusion der Trennung und dem daraus entspringenden Verlangen nach materiellem Besitz, Macht und unbegrenztem Wohlstand.

Die Erde ist – wie sie ist – vollkommen und ein wunderbares Lernumfeld für die spirituelle Entwicklung. Der göttliche Geist, der sich in der Schöpfung manifestiert, kennt weder Fehler noch Misserfolge, nur unendlich viele, immer neue Lernmöglichkeiten. Es ist sinnvoll, nicht nur am Wachsen unseres Bewusstseins zu arbeiten, sondern in einem gesunden Verhältnis auch die Bestrebungen unseres Egos zu erfüllen. Durch die Brille der spirituellen Psychologie betrachtet, zeigt sich sogar ein Wechselspiel zwischen beiden. Wenn Herausforderungen auf der Zielachse als Chance erkannt und richtig genutzt werden, können wir dadurch einen Schritt auf der Lernachse weiterkommen. Solange wir hier auf Erden sind, leben wir sowohl in der spirituellen als auch in der materiellen Welt. Wir stehen mit je einem Fuß in der einen und mit dem anderen in der anderen Welt, ob wir uns dessen bewusst sind oder nicht. Dadurch entsteht eine einzigartige Kombination günstiger Umstände für unser spirituelles Wachstum. Aber wir müssen uns dessen bewusst sein und die Augen öffnen, um die spirituellen Chancen zu sehen.

Wenn wir die Wachstumschancen auf der Ziel- und Lernachse erkennen, dann ...
- haben wir fast endlose Energie
- lieben wir es, spirituell zu lernen und spüren plötzlich, dass wir Fortschritte machen
- empfinden wir große Liebe und Begeisterung für die von uns gewählte Aufgabe

- werden wir an Stelle des materiellen Erfolges durch den Lernerfolg motiviert.

Wir entwickeln dadurch allmählich neue Fähigkeiten. Wir lernen das Sehen mit der Seele. Dazu gehören auch die Intuition und das mediale Einfühlen in andere Menschen.

Die spirituelle Entwicklung ist kein Ereignis, sondern ein Prozess. Dazu braucht es geistige Aufgeschlossenheit und die Bereitschaft, alte Gewohnheiten des Denkens und Handelns aufzugeben. Jede neue Erfahrung, die wir heute machen, bildet die Grundlage, auf der künftige Chancen aufbauen.

Das Leben ist zum Lernen da – oder zum Wiedererkennen –, da unsere Seele vor unserer Geburt schon alles gewusst hat. Jeder, der den Vorsatz fasst, nach diesem Prinzip zu leben, wird die Gelegenheit haben, morgen weiser und liebevoller zu sein als heute, vorausgesetzt, er nutzt die Erfahrungen des heutigen Tages, um die eigene Fähigkeit zu Mitgefühl und Liebe zu vergrößern. Und da bieten unsere Lebenssituationen die besten Voraussetzungen. Wenn wir uns bewusst sind, dass nichts zufällig geschieht, sondern dass alles seinen Sinn hat, dann können wir uns in jeder Situation fragen, warum uns dies beschert wurde und was ihr Potential ist, damit wir etwas spirituell lernen.

Krisen sind Chancen, doch viele Menschen erkennen sie nicht als solche, sondern sind bedrückt, frustriert oder mutlos und beklagen sich über ihr Schicksal. Freunde und Bekannte dieses krisengeschüttelten Menschen wissen vielleicht, dass in jeder Krise eine Chance steckt, um sich weiterzuentwickeln, doch es wäre falsch, dies dem Betroffenen im Moment seiner Krise unter die Nase zu reiben. In der Zeit der Krise ist Mitgefühl und Aufmunterung gefragt und erst, wenn die Krise überwunden ist, darf man eine Bemerkung wagen, dass die Krise auch ihre positiven Seiten hatte.

Zum Abschluss dieses Kapitels möchte ich noch etwas zur Gerechtigkeit des Schicksals sagen. Wir legen im Alltag großen Wert auf Gerechtigkeit und meinen damit oft Gleichberechtigung und gleiches Recht vor dem Gesetz. Dies ist erstrebenswert, aber eine Gerechtigkeit des Schicksals gibt es nicht. Schon in der Bibel steht geschrieben, dass das eine Samenkorn auf unfruchtbaren Felsen fiel und das andere in fruchtbare Erde (Mat.13,4). Ist da das Schicksal dieser Samenkörner gerecht oder hat das eine das leichtere Los gezogen? Ebenfalls in der Bibel steht, dass der Meister seinen Tagelöhnern alle den gleichen Lohn ausbezahlte, auch wenn sie unterschiedlich lang gearbeitet hatten (Mat.20,8-16). Ist es gerecht, dass ich in der sicheren Schweiz leben darf und ein anderer im zerbombten Syrien?

Ich finde es zwar richtig, dass vor dem Gesetz alle gleichbehandelt werden und dass Frauen für die gleiche Arbeit den gleichen Lohn erhalten wie die Männer. Anderseits wäre es furchtbar langweilig auf der Erde, wenn alle Menschen das gleiche Schicksal hätten, die gleichen Voraussetzungen, die gleichen Begabungen und die gleichen Interessen. Nur die Vielfalt und die Unterschiedlichkeit der Menschen gibt uns die Möglichkeit, vielfältige Erfahrungen zu machen und daraus zu lernen. Nur wenn ich mich über das Verhalten anderer Menschen aufregen kann, habe ich die Möglichkeit zu schauen, welcher Glaubenssatz und welche Charaktereigenschaften in mir anklingen und meine Emotionen verursachen.

Gerechtigkeit ist eine Gleichmacherei, die es im Leben nicht gibt. Jeder Mensch hat einen anderen Seelenauftrag. Vielleicht gibt es auch Menschen, die in diesem Leben gar nichts lernen wollen – oder müssen –, sondern die nur das Leben genießen und das bisher erarbeitete vertiefen wollen. Renée Bonanomi, eine weise, spirituelle Lehrerin, die ich sehr schätze, brachte immer das Beispiel vom Bild, das jede Seele malen muss. Jede Seele hat eine leere Leinwand, wenn sie auf der Erde geboren wird. Für jede Erfahrung, die sie auf der Erde macht, malt sie einen Farbtupfer auf der Leinwand, sodass mit der Zeit ein ganzes Bild entsteht. Mit diesem geht sie dann am Ende eines Lebens zu Petrus und verlangt Einlass in den Himmel. Petrus betrachtet das Bild und stellt fest, dass da und dort das Bild noch nicht fertig ausgemalt ist oder sogar leere Stellen hat, und er schickt die Seele wieder zurück auf die Erde, damit sie ihr Bild zu Ende malen kann.

So hat jede Seele in ihrem Erdenleben einen anderen Auftrag. Die eine hat ihr Bild bis zu den letzten Tupfern schon fast fertig, eine andere Seele beginnt erst oder macht eine Überlegungspause, wie sie ihr Bild gestalten soll. Die eine muss noch dunkle Stellen einfügen, damit ein besserer Kontrast entsteht, die andere will ihr Bild durch weiße Tupfer aufhellen. So gibt es eine unendliche Vielfalt an Bildern und niemand kann sagen, dieses Bild ist richtig und jenes ist falsch, denn wie in der Kunst, so ist auch bei der Seelenentfaltung vieles möglich. Wir Menschen glauben aber immer, wir wüssten, was richtig ist und verurteilen alles, was unserer Ansicht widerspricht.

Vielleicht können wir uns auch die Frage stellen, was die Menschheit durch die COVID-19-Pandemie lernen soll. Denn was für einen einzelnen Menschen zutrifft, gilt auch für die ganze Menschheit. Unsere Aufgabe ist es nicht, auf der materiellen Zielachse möglichst weit zu kommen und materiellen Wohlstand mit einem stetigen Wirtschaftswachstum zu erreichen, sondern auf der Achse der Erkenntnis einige Fortschritte zu machen hin zur gelebten, bedingungslosen Liebe. Zurzeit da ich dieses Buch schreibe, sind aber alle Kräfte darauf gerichtet, die Auswirkungen dieser Krise einzudämmen, damit der materielle Fortschritt weitergehen kann. In diesen Tagen werden die Viren immer ansteckender und wir müssen uns immer mehr Maßnahmen zu deren Bekämpfung unterziehen. Wir wollen zurück ins alte Leben, aber vielleicht müssen die Herausforderungen immer größer werden, bis wir nicht anders können, als unsere Einstellung zum Leben etwas zu verändern.

10. Egoismus und Verbundenheit

Zuerst möchte ich auf die Definition der beiden Begriffe eingehen. Egoismus bedeutet Ich-Bezogenheit. Meine Gedanken und Aktivitäten beziehen sich auf mein Wohlergehen. Verbundenheit – mit dem Fremdwort Philanthropie – ist weniger bekannt. Der Begriff stammt aus dem Altgriechischen. Philos bedeutet Freund und Anthropos bedeutet Mensch. Ein Philanthrop ist daher ein Menschenfreund, der nicht nur an sich selbst, sondern wesentlich auch an das Wohlergehen anderer Menschen denkt.

Heute wird dieser Begriff hauptsächlich im materiellen Sinn benützt, das heißt für reiche Menschen, die viel Geld für gute Zwecke zur Verfügung stellen. Früher verstand man darunter auch ein Verhalten der uneingeschränkten Nächstenliebe. Wichtig sind die Beweggründe für die Nächstenliebe. Oft wollen sich die Gebenden als gute Menschen fühlen und etwas tun, um in den Himmel zu kommen. Doch das ist auch wieder ein egoistischer Beweggrund. Wirkliche Philanthropen handeln uneigennützig, weil sie überzeugt sind, dass auf einer höheren, geistigen Ebene alle Menschen und alle Geschöpfe miteinander verbunden sind und es nicht um Einzelschicksale geht, sondern um die Gesamtheit der Schöpfung.

Eine Form dieser ideellen Philanthropie sind das Mitgefühl und die Agape-Liebe, wie sie im fünften Kapitel dieses Buches beschrieben wurden. Sie stellen hohe Ansprüche an den Gebenden und verlangen eine fortschrittliche Bewusstseinsstufe, aus der heraus die Verbundenheit mit allen Geschöpfen und der Natur eine tiefe Herzensangelegenheit ist und nicht vom berechnenden Verstand kommt.

Aber kehren wir vorerst zurück zum Egoismus, der seit je her unser Leben hauptsächlich beherrscht. Dabei möchte ich zwischen dem freiheitsliebenden und dem angsterfüllten Egoismus unterscheiden.

Der *freiheitsliebende* Egoismus ist die Antriebskraft in unserem Leben. Er zeigt sich unter anderem in folgenden Fällen:

- Beschaffung von Nahrung, um den Hunger zu stillen und überleben zu können
- Verwirklichung der eigenen Wünsche, Ziele und Begierden durch eigene Anstrengung
- Einstellung: „Ich muss selbst schauen, dass es mir gut geht. Ich bin für mein Wohlergehen verantwortlich."
- in bedrohlichen Situationen mit Lebensgefahr, wenn ungeahnte Kräfte mobilisiert werden können
- rücksichtloses Verwirklichen der obigen Beispiele unter in Kauf nehmen von Nachteilen und Schäden für andere Geschöpfe

Der *angsterfüllte* Egoismus ist eine blockierende Kraft, die die eigenen Gedanken und Aktivitäten hemmt oder gar zum Erliegen bringt. Sie zeigt sich häufig in folgenden Situationen:

- Todesangst bei Gefahr, Schreckstarre
- Schutz suchen bei Gefahr
- Angst zu kurz zu kommen
- Angst nicht genug Geld zu haben
- Angst zu versagen, sich zu blamieren
- Angst nicht gut genug zu sein
- Angst nicht geliebt zu werden
- Angst den/die Partner/in zu verlieren
- Angst vor dem Alt-Sein und dem Sterben

Liebe Leserin, lieber Leser, komme für einen Moment zur Ruhe und überlege dir, welche Antriebskräfte und Ängste dein Leben hauptsächlich beherrschen. Willst du diese unverändert beibehalten? Bist du glücklich dabei? Siehst du in deinem Bewusstsein Entwicklungsmöglichkeiten?

Egoistisches Verhalten aus irgendeinem der oben angeführten Beweggründen hat eine trennende Wirkung. Wir fühlen uns von den anderen Menschen getrennt. Wir denken nur an uns und an unser Wohlergehen. Diese Einstellung ist bei allen Lebewesen vorhanden und gibt ihnen die Kraft und die Vorsicht, um zu überleben. Aber sie geht von der Einstellung aus, dass wir alle getrennte, voneinander unabhängige Wesen sind. Spätestens seit den Erkenntnissen der Quantenphysik ist dies aber widerlegt. Auf höheren, uns noch weitgehend unbekannten Ebenen sind wir alle miteinander verbunden und in Gott ist alles eins.

Das egoistische Denken, das unsere Gesellschaft weltweit beherrscht, hat uns weit gebracht. Der technische, wirtschaftliche und wissenschaftliche Fortschritt ist beachtlich. Aber dabei sind die anderen Geschöpfe und die Erde zu kurz gekommen. Sie wurden und werden ausgebeutet, verkümmern und wir entziehen uns allmählich unsere Lebensgrundlage.

Ob wir wollen oder nicht, wir müssen umdenken, um zu überleben. Und niemand kann genau vorhersagen, wie lange wir noch Zeit haben, um uns zu verändern. Wir müssen erkennen, dass materieller Wohlstand nicht unser oberstes Ziel sein kann. Die Ökologie und Klimaveränderung zwingen uns, unser Verhalten auf neue Ziele auszurichten und anzuerkennen, dass wir nicht frei sind in unserem egoistischen Schalten und Walten. Wir sind nicht getrennt und unabhängig von unserer Umwelt, sondern alle sind mit allen und allem verbunden. Die Reaktion auf unser rücksichtsloses und überhebliches Verhalten sehen wir laufend in den Veränderungen und neuen Erscheinungen in unserer Umwelt, auch wenn wir Mühe haben, dafür die Verantwortung zu übernehmen. Darum muss die Verbundenheit in unseren zentralen Fokus gelangen.

Wie wir gesehen haben, ist die Liebe – die Agape-Liebe – die Kraft, die diese Verbundenheit stärkt. Darum ist es an der Zeit, dass wir lernen, unseren Egoismus zu überwinden und ein liebevolles Verhalten ohne offensichtlichen Eigennutz zu fördern. Da wir alle über eine höhere Ebene, die aber auf unseren materiellen Alltag wirkt, miteinander verbunden sind, nützt uns ein solches Verhalten auch, wenn wir ein sehr materielles Denken haben.

Die Agape-Liebe ist die einzige Art von Liebe, die auf der naturgegebenen Verbundenheit der Schöpfung aufbaut. Sie wird oft auch als göttliche Liebe bezeichnet. Doch Gott ist nicht nur Liebe, wie es in einigen Kirchenlieder heißt. Gott umfasst alles. Aber Liebe verbindet uns Menschen untereinander und auch mit Gott. Wenn wir in der Liebe sind, fühlen wir uns Gott näher. Daher kommt der Ausdruck „Gott ist Liebe". Im Gegensatz zur Angst, die trennt und uns einengt, öffnet die bedingungslose Liebe unsere Herzen, um uns mit anderen zu verbinden und zu vereinen. Und die tiefste, meistens unbewusste Sehnsucht in uns ist es, uns aus der Dualität zu verabschieden und unsere Einheit mit Gott wiederzuerkennen.

Gemäß der Bibel waren wir am Anfang der Schöpfung im Paradies. Das heißt, wir waren vereint mit Gott. Aber wir wussten nicht, dass wir im Paradies sind, da wir nichts anderes kannten. Dann mussten wir freiwillig oder unfreiwillig das Paradies verlassen, das heißt, wir bekamen ein Ego und dieses machte seine Erfahrungen in der Dualität, damit wir irgendwann erkennen, dass wir trotz allem nie von Gott getrennt waren. Unsere Trennung von Gott ist nur eine Illusion unseres Egos. Mit dieser Erkenntnis kommen wir zurück ins Paradies und sind dann mit Bewusstsein in der Einheit des Paradieses.

Meistens fragen wir uns im Leben, was uns noch fehlt. Wir suchen nach dem, was wir noch benötigen, um glücklich zu sein, Erfolg zu haben oder in einem besseren Wohlstand leben zu können. Dies ist aus spiritueller Sicht in zweierlei Sinn problematisch: Erstens denken wir an das, was uns noch fehlt und durch dieses Mangel-Denken senden wir negative Energie ins Quantenfeld. Andererseits ist dieses Streben sehr egoistisch. Wir denken nur an uns. Uns soll es gut gehen, vielleicht sogar auf Kosten von anderen Menschen. Das ist die typische Einstellung eines großen Teils der heute lebenden Menschheit. Da aber, wie schon mehrmals erwähnt, alle Menschen auf einer höheren Ebene miteinander verbunden sind und wir beim anstehenden Evolutionsschritt unseres Bewusstseins diese Verbundenheit mehr zu spüren bekommen, ist dieses egoistische Verhalten kontraproduktiv.

Zielführender ist es, uns Gedanken zu machen, was wir anderen Menschen geben können. Was sind unsere Begabungen, die wir nützen und fördern können? Diese Überlegungen sind verbindend, unterstützend, die Einheit, das Wohlergehen aller und den Frieden fördernd. So ganz selbstlos sind diese Gedanken aber nicht, denn dadurch fördern wir unsere eigene Entwicklung hin zu selbstloser Liebe, was ein hohes Ziel des menschlichen Bewusstseins ist.

Vielleicht ist dir im ersten Augenblick, da du dies liest nicht bewusst, was deine Begabungen sind, mit denen du andere Menschen unterstützen könntest. Aber wenn du in einem ruhigen Moment in dich gehst, so kommen dir sicher einige Möglichkeiten in den Sinn. Zum Beispiel:

- Den Menschen in deiner nächsten Nähe (Familie) kannst du Verständnis, Sicherheit, Geborgenheit und Mitgefühl geben.
- Allen Menschen, denen du in deinem Leben begegnest, kannst du Anerkennung, Verständnis ohne Kritik, Wohlwollen und Anregung zu einem sinnvolleren Leben geben.
- Dann kommen noch die unterschiedlichsten persönlichen Begabungen, wie kaufmännische Angelegenheiten regeln, körperliche Unterstützung älterer und behinderter Menschen, Aufmunterung durch Musik, Lesungen, Spiele und 1 000 andere Sachen.

All dies ist nicht nur positiv für die Menschen, die etwas von dir erhalten, sondern auch für dich selbst. Schon das Gefühl für andere etwas getan zu haben, gibt dir eine Befriedigung. Dann erhältst du vielleicht auch ein positives Feedback von den Betroffenen oder wenigstens siehst du, dass es den anderen durch dich besser geht. Fortgeschrittene achten gar nicht auf diese Ergebnisse für sich selbst, ihnen genügt einfach, den anderen mit bedingungsloser Liebe gedient zu haben.

11. Liebet eure Feinde

Dieser fromme Satz aus dem neuen Testament (Mat.5,44 und Luk.6,27) ist wohl einer der widersprüchlichsten in der ganzen Bibel. Nicht einmal die Kirche und die Päpste haben sich darangehalten. Unzählige Kriege wurden von den Kirchen unterstützt, wenn nicht gar angezettelt. Dabei sollte dieser Spruch nicht nur für abgehobene Gläubige gelten, sondern für alle vernünftigen Menschen, wie die moderne Wissenschaft erkannt hat.

Wenn wir jemanden hassen oder bekämpfen, so ist dies immer mit Gedanken aus unserem Gehirn verbunden. Wie wir in früheren Kapiteln schon gelernt haben, enthalten Gedanken und Gefühle Energie. Mit der Energie unserer Gedanken und Gefühle füllen wir unseren eigenen Körper. Daher vergiften wir unsere eigenen Zellen mit unserem Hass oder Kampf. Diese Gefühle sind immer mit Stress und Abwehr verbunden. Durch solche Gedanken halten wir unseren Körper stets in Alarmbereitschaft, und er kann sich gar nicht richtig ausruhen, entspannen und erholen. Dies kann mit der Zeit zu schweren Krankheiten führen.

Wenn ich jemandem vergebe, *so befreie ich mich selbst* vom Zwang, diesen Menschen meiden, hassen oder verurteilen zu müssen. Diese persönliche Befreiung fördert meinen inneren Frieden und erlaubt mir, mich unbeschwert für etwas Neues zu öffnen. Dieses Vergeben fällt uns viel leichter, wenn wir einsehen, dass es eigentlich gar nichts zu vergeben gibt, da alles, was uns geschieht, seinen Sinn hat. Wir sind hier auf Erden, um Erfahrungen zu machen und da gehören auch solche dazu, gegen die sich unser Ego auflehnt. In unserem Seelenauftrag sind sie aber enthalten. Meistens kennen wir unseren Seelenauftrag nicht und schon gar nicht denjenigen der Menschen, die uns ärgern. Vielleicht verhalten sich diese uns gegenüber nur so, damit wir die für uns vorgesehenen Erfahrungen machen können. Wenn dem so ist, müssten wir ihnen sogar noch dankbar sein.

Unsere Gedanken und Emotionen und deren Energie wirken aber nicht nur in unserem Körper, sondern wir strahlen diese Energie auch in unsere Umgebung aus. Wenn wir einem wütenden oder zornigen Menschen begegnen, so können wir dies sofort spüren, noch bevor er etwas gesagt hat. Wenn wir jemanden hassen oder bekämpfen, so schicken wir daher diesem Menschen Energie und zwar Kampfesenergie. Wir stärken ihn in seinem Kampf gegen uns. Wollen wir dies wirklich? In der menschlichen Geschichte ist dies aber seit jeher der Fall und betrifft nicht nur die eigentlichen Kriege und Streitereien, sondern auch den Konkurrenzkampf zwischen zwei Firmen oder Familien und auch die Rivalität zwischen zwei Freiern. Es ist das typische Verhalten unseres Egos, das sich gegenüber allen anderen behaupten will, um nicht zu kurz zu kommen.

Das Resultat dieser Einstellung erleben wir in unserer Gesellschaft auf Schritt und Tritt. Wir haben Differenzen mit unserem Partner, der/die sich nicht so verhält, wie wir es möchten. Oder wir haben Streit mit unserem Nachbarn wegen Lärm oder der Hausordnung oder sonst etwas. Natürlich gibt es auch im Beruf immer wieder Situationen, in denen wir schauen müssen, dass wir nicht übervorteilt werden. Dies betrifft nicht nur uns persönlich, sondern zum Beispiel auch die politischen Parteien, die Regierungen und die Länder. So ist die ganze Welt voller Spannung, Angriff und Verteidigung und mit jedem entsprechenden Gedanken fördern wir diese Kampfesenergie weiter.

Wenn wir uns nun so verhalten würden, wie es in der Bibel steht, so kämen wir nicht nur nach unserem Tod in den

Himmel, sondern der Himmel käme zu unseren Lebzeiten zu uns. Wenn wir unsere Feinde lieben, so senden wir liebevolle Energie aus unserem Gehirn. Und diese Energie füllt als Erstes die Zellen unseres Körpers. Die Zellen sind entspannter, besser durchblutet und damit leistungsfähiger. Es gibt allerdings Menschen, denen ist es gar nicht wohl, wenn sie nicht immer irgendwo ein Gefecht haben können. Es wird ihnen zu langweilig und sie suchen eine neue Herausforderung. Diese Unzufriedenheit ist eine typische Erscheinung in unserer Gesellschaft und verhindert, dass sich die Energie verändern kann, weg vom Kampf hin zu mehr Liebe und Verbundenheit.

Gehen wir zurück zu unserem Bibelspruch. Was passiert mit unserem Feind, wenn wir ihm an Stelle von Hass und Wut Liebe senden? Er erhält dann von uns eine ganz andere Art von Energie und wird daher nicht in seinem Kampfverhalten gestärkt, sondern er wird liebevoller, umgänglicher und vielleicht auch verständnisvoller. Dadurch wird er weniger motiviert sein, uns zu bekämpfen. Vielleicht können wir uns dann in unserem gemeinsamen Problem verständigen und einen für beide Seiten gangbaren Weg finden. Auf alle Fälle fühlen wir uns beide besser, wenn wir voller Liebe sind als voller Hass.

Wie du siehst, kann ich auch aus ganz egoistischen Gründen für diesen Bibelspruch „Liebet eure Feinde" sein, denn er bringt mir als Individuum Vorteile. Daneben helfe ich noch, die Welt ein bisschen liebens- und lebenswerter zu gestalten. Bis vor wenigen Jahrzehnten war dieser Zusammenhang zwischen unseren Gedanken und den in der Welt herrschenden Energien noch nicht bekannt. Doch seit die Quantenphysik mit ihren Forschungen und Experimenten diesen Zusammenhang erkannt und bewiesen hat, hat sich die Ausgangslage für das Verhalten der Menschen verändert. Es sind jetzt nicht nur Fromme und Esoteriker, die so denken, sondern berühmte Physiker sind auch dieser Meinung.

Die Entwicklung des menschlichen Bewusstseins ist ein wesentlicher Teil unseres Lebenszweckes und mit den durch die Quantentheorie gewonnenen Erkenntnissen ist der Grundstein für eine weitere und eventuell entscheidende Evolution der Menschheit gelegt worden. Es geht jetzt darum, diese Erkenntnis möglichst breit in der Bevölkerung aller Länder zu verbreiten. Allerdings sind viele Menschen in ihrer persönlichen Entwicklung noch nicht so weit, dass sie für diese Verhaltensänderung offen sind.

Es ist darum eine große Herausforderung für die Menschen, die den Sinn dieser neuen Denkweise erkannt haben, dass sie ihren Mut zusammennehmen, um diese Botschaft zu verbreiten. Dabei ist es wichtig, dies mit Bedacht zu tun, um nicht bei Menschen, die dies noch nicht verstehen können, eine Ablehnung zu wecken. Es ist hier wie wohl überall. Am besten gehen wir mit dem eigenen Beispiel voran und säen damit ein Körnchen Liebe. Gepredigt wurde in der Vergangenheit genügend, jetzt braucht es Taten.

In der Zeit der COVID-19-Pandemie wird viel geschrieben und gesprochen über böse Kräfte, die diese Krankheit erzeugt haben und die davon profitieren wollen. Diese Wesen, die die Pandemie verursacht haben sollen, leben von der Angst der Menschen und ziehen aus dieser Angst ihre Energie oder materiellen Profit, wenn es irdische Wesen sind. Wenn es solche Wesen gibt, wie sollen wir uns nun ihnen gegenüber verhalten? Die naheliegendste Reaktion ist die, sie zu bekämpfen. Sogar von einer spirituell orientierten Autorin las ich kürzlich, dass man diese dunkeln Wesen aushungern soll, damit sie sterben. Dieser Gedanke widerspricht mir im tiefsten Grund meiner Seele, denn er steht im Gegensatz zu dem eben besprochenen Zusammenhang und enthält keine Spur von Liebe.

Ich bin ganz einverstanden, dass wir diesen Energien keine Angst-Energie mehr geben sollen. Das heißt, wir dürfen uns durch solche Kräfte nicht ängstigen lassen. Wir müssen der Versuchung uns zu ängstigen widerstehen. Wir müssen im positiven Glauben an eine wunderbare, liebevolle Zukunft bleiben. Für diese Zuversicht brauchen wir unsere stetige Achtsamkeit, um uns nicht von der Angst hinreißen zu lassen. Wenn immer mehr Menschen diesen bösen Wesen keine Angst-Energie mehr geben, dann beginnen sie zu hungern und nehmen alles, was sie bekommen können, sogar unsere Liebe! Und nur die Liebe – die bedingungslose Agape-Liebe – bringt uns schlussendlich die Erfüllung und den Frieden. Unsere Liebe wird diese Wesen verändern. Das Böse in ihnen wird vergehen und durch Liebe ersetzt werden. Damit können auch diese bösen Wesen erlöst werden. Vielleicht ist das der Grund ihres bösen Handelns. Sie haben sich zur Verfügung gestellt für diese Aufgabe. Sie wollen, dass wir lernen, dem Bösen unsere Liebe zu geben. Wenn wir das gelernt haben (Liebet eure Feinde), dann haben sie ihre Aufgabe erfüllt und verschwinden.

Um dieses Ziel zu erreichen, braucht es das liebevolle Denken von vielen Menschen. Nur dann ist diese Energie stark genug. Aber für viele Menschen ist es schwierig in dieser Zeit positiv zu denken. Um trotz Einsicht und positiver Absicht nicht schwach zu werden und wieder ins Negative zu verfallen, gibt es einige Hilfsmittel:

- Das Wichtigste ist, dass wir in ruhigen Minuten innerlich ganz überzeugt sind, dass das liebevolle Denken, Fühlen und Handeln das einzige zielführende Verhalten ist.
- Dann braucht es Achtsamkeit, damit wir uns im entscheidenden Moment sofort bewusst werden, um nicht in ei-

nen Angstzustand zu verfallen. Wenn Angstgefühle schon entstanden sind, sollten wir diesen Prozess durch unsere Achtsamkeit möglichst schnell beenden, bevor wir zu viel Energie in ihn gegeben haben.
- Im Falle, dass Angst aufkommen will, müssen wir augenblicklich einige positive Gedanken bereit haben, um die angstvollen zu ersetzen. Zum Beispiel:
    - Ich hatte schon oft vor etwas Angst, das dann nicht eingetroffen ist. Im jetzigen Augenblick geht es mir ja gut.
    - Ich weiß, dass alles Negative auch etwas Gutes hat. Jetzt konzentriere ich mich darauf, das Gute in dieser Situation zu finden.
    - Ich gehe jetzt in die Natur oder an meinen Kraftort und konzentriere mich ganz auf diese positive Energie und lasse sie auf mich wirken.
    - Ich gehe zu einem lieben Menschen, der meine Sorgen versteht und mir helfen kann, mir positive Energie zu geben.
    - Ich weiß, dass es Situationen gibt, denen ich machtlos gegenüberstehe, die ich äußerlich nicht verändern kann, aber innerlich bin ich frei, wie ich mich verhalten will.
    - Es gibt keinen Zufall. Alles, was mir geschieht hat seinen Sinn.
    - Vielleicht ist dir vor kurzem etwas Gutes widerfahren, mit dem du nicht gerechnet hast. Denke jetzt an diese Situation und gehe in ein Gefühl der Dankbarkeit dafür, dass dir dies geschehen durfte.
    - usw.: Da fällt dir sicher etwas Persönliches ein.

Es ist vielleicht zweckmäßig, wenn du dir eine persönliche Liste machst, die du stets zur Hand haben kannst und auf der steht, was dir in einem schwierigen Moment am ehesten hilft, um im positiven Denken und in der Liebe zu bleiben.

Auf jeden Fall ist es wichtig, sich immer bewusst zu sein, dass immer *ich* bestimmen kann, was eine Situation mit mir macht. Darum folgen hier noch einige Glaubenssätze, die mir selbst im Leben schon geholfen haben.

Ich bestimme, ob ich das Glas halb voll oder halb leer sehen will.

Alles, was ich erlebe und erfahre, hat die Bedeutung, die *ich* ihm gebe. Ich bin frei, in allem die schöne und positive Seite zu sehen oder die negative und ablehnende. Durch die Bedeutung, die ich dem Erfahrenen gebe, definiere ich mich selbst und sage, wer ich bin.

Erstrebenswert ist eine positive Lebenseinstellung ohne konkrete Wünsche und Erwartungen nach dem Motto: „**Es kommt schon gut! Alles läuft richtig, so wie es läuft. Ich muss nur darauf achten, dass ich in der Liebe bleibe.**" Durch dieses Vertrauen in die göttliche Weisheit und Führung verliere ich alle Angst und verbreite eine positive Energie, die mich und mein Umfeld stärkt. *Ich bin voller Zufriedenheit und Dankbarkeit!* Konkrete Wünsche und Erwartungen bergen die Gefahr der Enttäuschung, wenn sie nicht in der Absicht unserer Seele sind und daher nicht erfüllt werden können.

Den folgenden Leitgedanken finde ich sehr zielführend:

„**Allem, was mich stört und ärgert, schicke ich Liebe. Denn Liebe heilt und verbindet die Geschöpfe ohne zu werten.**"

12. Eigenarten der Geschlechter

Es gibt eine Klischeevorstellung: „Männer wollen imponieren und Frauen wollen gefallen." Vor allem bei jüngeren Menschen sind diese Eigenschaften oft zu beobachten. Aber es gibt noch einige andere Unterschiede. Neben den unterschiedlichen, körperlichen Funktionen und Aufgaben, unterscheiden sich auch das Verhalten und die Denkweise zwischen den Geschlechtern.

Das männliche Prinzip des Geistes entspricht dem objektiven, bewussten, aktiven Geist, das weibliche dem subjektiven, unbewussten, passiven Geist. Vereinfacht kann das männliche Prinzip durch „Ich" umschrieben werden und das weibliche durch „Mich". Das weibliche „Mich" ist fühlend, sich hineinspürend, empfangend, intuitiv, als akzeptierendes Sein, das den Ist-Zustand annimmt, aber auch erduldet. Das männliche „Ich" will seinen Empfindungen Ausdruck geben, bewusst etwas bewirken, einen schöpferischen Impuls geben. Dazu braucht es ein Bewusstsein, das einen Willen formulieren kann. Bei den – auch heute noch vorhandenen – ursprünglichen Bewusstseinsstufen ist dieser Wille aber oft egoistisch orientiert und erkennt nicht den Wert des Umfassenden, des Integralen.

Beide Prinzipien sind gleich wichtig und müssen zusammenspielen. Dies geschieht zum Beispiel in der Telepathie. Das männliche Prinzip des einen Menschen (aussenden eines Gedankens) wirkt auf das weibliche Prinzip eines anderen (empfangen des Gedankens). Generell gibt das männliche Prinzip einen schöpferischen Impuls und das weibliche Prinzip führt den schöpferischen Akt aus. Ein Sinn des menschlichen Lebens besteht darin, dass die Entwicklung des Bewusstseins gefördert wird, hin zu einer harmonischen Ergänzung der beiden Prinzipien.

Frauen und Männer sind in vieler Hinsicht unterschiedlich. In beiden ist sowohl das männliche wie das weibliche Prinzip vorhanden, wobei bei den Frauen im Allgemeinen das weibliche Prinzip stärker ausgebildet ist und bei den Männern das männliche. Aber nicht alle Frauen und alle Männer sind gleich, jeder Mensch ist ein Unikat mit seinen ganz persönlichen Veranlagungen. Darum möchte ich im Folgenden nicht mehr von den Eigenschaften der Frauen und Männer sprechen, sondern von den weiblichen und männlichen Wesenseigenschaften, denn sowohl Frauen haben auch männliche wie Männer auch weibliche Eigenschaften.

Diese Wesenseigenschaften sind genetisch verankert und konnten sich nur über viele hundert Generationen langsam an die heutige Gesellschaft anpassen. Die ersten menschenähnlichen Wesen entstanden vor vielleicht 4 Millionen Jahren. Sehr wahrscheinlich konnten sie schon Feuer benützen und lebten als Jäger und Sammler vorwiegend in den Savannen von Ostafrika. Die Aufgaben waren hauptsächlich nach dem Geschlecht verteilt. Die Frauen waren vorwiegend beim Lager, nährten und hüteten die Kinder und sammelten in der Nähe Früchte und andere Naturprodukte, die sie zum Essen zubereiteten.

Die Männer waren wahrscheinlich viel ungebundener. Sie schweiften in der Umgebung umher und jagten Wild, das sie zum Verzehr ins Lager brachten. Dabei mussten sie sich gut organisieren, um auch größere und flinke Tier erlegen zu können. Es brauchte jemanden, der die Jagd plante und die einzelnen Aufgaben den verschiedenen Männern zuteilte. Daraus entstand eine Hierarchie, unter die sich alle unterordnen mussten. Persönliche Schwächen und Gefühle waren nicht gefragt und mussten überwunden werden. Kraft, Ausdauer, ein guter Orientierungssinn, Konzentrationsvermögen und ein überzeugendes Auftreten waren verlangt und so haben sich diese Eigenschaften im Laufe der Zeit entwickelt und sind auch heute noch bei vielen Männern ausgeprägt. Wenn du aber einen Mann zum Stottern bringen willst, so frage ihn nach seinen Gefühlen.

Bei den Frauen waren andere Qualitäten gefragt. Sie mussten die vielfältigsten Aufgaben und Arbeiten fast gleichzeitig erledigen. Dadurch wurde bei ihnen das vernetzte Denken gefördert. Eine strenge Hierarchie war weniger wichtig. Oft arbeiteten Frauen einzeln oder in kleinen Gruppen nebeneinander oder miteinander. Am Anfang gab es wohl nur eine rudimentäre Sprache und die kleinen Kinder können auch heute noch nicht sprechen. Daher mussten die Frauen ihr Einfühlungsvermögen entwickeln. Sie durften auch ihre Gefühle untereinander austauschen und wenn die Männer stark ermüdet von der Jagd zurückkehrten, mussten sie vielleicht spüren, was sie jetzt brauchten.

Bis vor 15 000–20 000 Jahren lebten alle Menschen auf der ganzen Erde als Jäger und Sammler. Erst dann wurden sie allmählich sesshaft und pflegten die Landwirtschaft. Auch dann blieb die Aufgabenverteilung ähnlich. Die Männer machten eher die schwere Arbeit auf dem Felde und die Frauen die vielen anfallenden Arbeiten in der Umgebung der Hütte. Da die Männer im Allgemeinen die Stärkeren sind, hatten sie meistens das Sagen und die Frauen haben sich untergeordnet. Dies wurde auch durch die Religionen bestärkt, wenn zum Beispiel geschrieben steht: „Der Mann ist das Oberhaupt der Familie und die Frau ist dem Manne untertan."

Die unterschiedlichen Eigenschaften von Frauen und Männern prägen auch unsere heutige Gesellschaft. Männliche Stärken sind zum Beispiel:

- Sachliche Aktivität
- Körperliche Kraft und Zähigkeit

- Hierarchiedenken und Führungsanspruch
- sich in eine intellektuelle Aufgabe vertiefen
- Selbstdarstellung vor Publikum

Männliche Schwächen:

- Sprechen über eigene Gefühle und Probleme
- sich gleichzeitig auf mehrere Aufgaben konzentrieren
- Das Akzeptieren der Frauen als gleichwertige Teamkollegen, ohne ihnen überlegen sein zu wollen.
- Offenheit für Lebensfragen, ohne gleich eine Theorie aufzustellen und zu verbreiten

Weibliche Stärken:

- Multitalent bei vielseitigen Arbeiten
- ausdauernd
- einfühlsam in Kinder und andere Menschen
- sprechen über Gefühle und eigene Probleme
- unterordnen unter die männliche Dominanz
- subtiles Vorgehen, um eigene Wünsche durchzusetzen
- relativ friedlich, Abneigung gegen Gewalt und Krieg
- offen für spirituelle Lebensfragen

Weibliche Schwächen:

- körperliche Kraft
- klare Stellungnahme zu eigenen Anliegen
- eine gewisse Scheu gegenüber Männern

Wie am Anfang des Kapitels erwähnt, können alle diese Eigenschaften bei Männern und bei Frauen vorhanden sein, da beide Geschlechter auch Anteile von beiden Prinzipien haben.

Die Unterschiede zwischen den Geschlechtern kommen bei der Partnerschaft und dem vorangehenden Werben deutlich zum Ausdruck:

- Der Mann ist vordergründig der aktivere Teil und produziert sich, um auf die Frauen Eindruck zu machen.
- Die Frau ist eher zurückhaltend, macht sich gern schön, um zu gefallen, lässt sich gern umwerben und erreicht ihr Ziel auf subtile Art.
- Das Weibliche will gefallen, aber in diesem Wort steckt der Begriff „fallen", sich unterwerfen. Heute trifft dies nicht mehr für alle Frauen zu, sie wollen „ihren Mann stellen".
- In der Partnerschaft ist der Mann gewohnt zu bestimmen und oft auch sich von der Frau bedienen zu lassen.
- Beim Sex ist für den Mann der eigene Orgasmus wichtig, den er oft möglichst rasch erreichen will und er muss (kann) lernen, auf die langsamere, gefühlvollere Art der Frau einzugehen.
- Der Mann erlebt den Sex mehr auf der körperlichen Ebene, die Frau auf der emotionalen.
- Eine Frau kann einen erwachsenen Mann sexuell nicht vergewaltigen. Wenn sie etwas will, muss sie den Mann bezirzen.
- Es ist eine Herausforderung für uns Männer, unsere Dominanzgelüste gegenüber Frauen zu überwinden. Für die Frauen ist es wichtig, mehr Selbstbewusstsein zu erlangen, um eine gleichwertige Partnerschaft zu leben.

Wir hatten bisher eine jahrtausendlange Dominanz des Männlichen in allen Völkern. Jetzt wäre es für unsere Gesellschaft eine Entwicklungschance, wenn es zu einer Dominanz des Weiblichen kommen würde. Das Pendel muss von der einen Seite zur anderen ausschlagen, um später in der Mitte zur Ruhe zu kommen. Wenn das Weibliche mehr Bedeutung in der Gesellschaft aller Länder bekommt, haben wir die Chance, dass sich neue Formen des Zusammenlebens eröffnen mit weniger Gewalt und Protzerei, dafür mit einem subtileren Austausch und einem Fokussieren auf emotionale und spirituelle Werte.

Dazu braucht es aber auch beim Weiblichen eine Evolution. Weg von Äußerlichkeiten hin zu Werten auf einer höheren Bewusstseinsebene. Nur so können wir unsere Gesellschaft auf eine für unsere Erde verträgliche Bahn führen und damit unser eigenes Überleben sichern. Wenn Frauen ihre männliche Seite mehr entwickeln wollen, müssen sie gegen außen aktiver werden und mehr in Eigenverantwortung handeln. Die Männer, die ihre weiblichen Qualitäten fördern wollen, sollten gegen außen ruhiger werden und mehr eine tragende Stütze in der Gesellschaft sein.

Bei der Suche des gewünschten Partners oder der Partnerin spielen diese althergebrachten und genetisch verankerten Eigenschaften und Wünsche eine entscheidende Rolle. Männer suchen sich meistens eine jüngere, attraktive Frau, die sich ihnen anpasst, sie bewundert, sie unterstützt und ihnen den Rücken freihält. Frauen dagegen wählen eher einen älteren Mann, mit einer höheren Bildung als sie selbst haben, der in der Gesellschaft einen angesehenen Status hat, der für sie und ihre Kinder sorgen kann und bei dem sie sich geborgen und sicher fühlen. So sieht es die jahrhundertlange Überlieferung.

Durch die modernen, emanzipierten Frauen und die Gleichberechtigung der Geschlechter wird die Partnersuche aber komplizierter. Damit ein Mann eine ihm in Ausbildung und gesellschaftlicher Stellung ebenbürtige oder sogar überlegenen Frau akzeptieren kann, braucht er viel Selbstvertrauen und emotionale Reife. Da dies bei den Männern bisher nicht so gefordert war, sind diese Eigenschaften oft auch nicht so entwickelt. Sobald ein Mann eine moderne Frau näher kennen lernt, besteht die Gefahr, dass er sich verunsichert fühlt, da er nicht ohne Weiteres bei ihr glänzen kann. Dadurch wächst die Wahrscheinlichkeit, dass diese Partnerschaft wieder auseinander geht.

Die modernen, emanzipierten Frauen haben es bei der Partnersuche nicht einfacher. Sie müssen zu ihren veränderten, emanzipierten Ansprüchen stehen und diese in der Partnerschaft liebevoll vertreten. Welche Wünsche nun überwiegen, die traditionell weiblichen mit einem überlegenen Mann oder die modern emanzipierten mit einem ebenbürtigen Partner, kann in einer Frau ein Dilemma auslösen.

Dazu kommt noch die Schnelllebigkeit unserer Gesellschaft. Die Veränderungen und neuen Techniken überstürzen sich. Wir hatten in den letzten 20 Jahren mehr technische Neuheiten als in den 200 Jahren zuvor. Auch dies macht die Partnersuche nicht einfacher. Daher wird es wohl in Zukunft vermehrt kürzere Partnerschaften von wenigen Jahren und dafür mehr Patchwork-Familien geben. Diese bringen aber wieder neue Probleme und Herausforderungen und eine zukünftige Entwicklung ist noch nicht erkennbar.

Alle diese Veränderungen beginnen mit einem achtsamen Bewusstsein und der Frage: „Wo stehe ich im Moment und was will ich leben und eventuell in mir verändern?" Auch hier darf eine Veränderung nicht aus einem Zwang oder einer Angst heraus erfolgen, sondern aus einem freien Entscheid zugunsten einer harmonischen, ausgeglichenen und liebevollen Gesellschaft, die einer Vereinigung und Einheit mit Gott zustrebt.

Eines ist für mich gewiss. Wenn in der Politik und vor allem an der Spitze der Großmächte mehr Frauen regieren würden, dann wäre das weibliche Prinzip stärker vertreten und dann sähe das heutige Weltbild wohl anders aus. Es gibt zwar auch maskuline Frauen, die gern Macht ausüben und diese sind die ersten, die sich gegen die Männer durchsetzen können, aber ich hoffe, dass irgendwann die Entwicklung der Menschheit so weit sein wird, dass auch feminine Frauen mit viel Einfühlungsvermögen und Sinn für gemeinsame Werte an die „Macht" kommen werden.

Zum Schluss dieses Kapitels möchte ich doch noch erwähnen, dass beim Verliebtsein alle hier erwähnten Kriterien wenig Gewicht haben. Es ist eine Kraft des Unterbewusstseins, die alles andere überwiegt. Aber wenn dann eine Partnerschaft entstanden ist, kommen nach einiger Zeit die Alltagsprobleme und der Verstand übernimmt wieder die Führung. Dann kann es zu Differenzen kommen, bei denen die hier gemachten Überlegungen wieder mehr Gültigkeit bekommen.

13. Ein integrales Leben

Über viele Jahrhunderte haben sich die Menschen in unserer Gesellschaft den Anordnungen und Weisungen der Fürsten und der Kirche ohne großen Widerstand unterworfen. Sie lebten das, was man ihnen in der Jugend beigebracht hatte und was in ihrer Umgebung und in der Gesellschaft Brauch und Sitte war. Sie machten sich kaum Gedanken, was ihre innersten Wünsche und Bedürfnisse waren. Und wenn sie sich Gedanken machten, so getrauten sie sich meistens nicht, das zu leben, was sie am liebsten tun wollten.

Mit dem Beginn der Neuzeit, Anfang des 16. Jahrhunderts, entwickelte sich die Wissenschaft und mit ihr entstand allmählich ein freieres Denken. Doch erst mit der französischen Revolution Ende des 18. Jahrhunderts begann sich das Bürgertum vom Joch des Adels und der Kirchenfürsten zu befreien. Noch im 19. Jahrhundert herrschten strenge Sitten und Gebräuche, denen sich alle – mit wenigen Ausnahmen – unterziehen mussten. Für die große Masse war das Leben einfach und hart. Es begann das technische Zeitalter. Es entstanden Fabriken, in denen die Arbeiter mit langen Arbeitszeiten zu niedrigem Lohn ausgenutzt wurden. Die Kinder durften zwar größtenteils zur Schule, aber ein oberstes Gebot hieß: „Wer seine Kinder liebt, der züchtig sie." Sich unterzuordnen und einzuordnen war eine wichtige Lernaufgabe. Dieser Zwang bestand weitgehend noch bis nach dem 2. Weltkrieg. Mit dem Konjunkturwunder entstand allmählich ein bescheidener Wohlstand und vielleicht dadurch eine gewisse Denk- und Handelsfreiheit. Mehr und mehr konnte man seine eigenen Ziele und Wünsche verwirklichen. Es begann die Zeit der Selbstverwirklichung. Diese egoistische Tendenz verstärkte sich vor allem bei der Nachkriegsjugend und mit der 68er-Bewegung wurden auch die moralischen Vorstellungen gelockert.

Das Pendel schlug auf die andere Seite aus. Musste man sich früher zu stark anpassen und unterordnen, wollte man jetzt seine Freiheit genießen, sich Träume erfüllen, weite Reisen machen, luxuriöse Autos und modische Kleider kaufen und sich in der Freizeit ausleben, denn das Erwerbsleben wurde immer stressiger. Einerseits wuchs die rücksichtslose Selbstverwirklichung, andererseits zeigten sich mehr und mehr Grenzen für das Wachstum von Wohlstand und Wirtschaft auf, da sich immer deutlicher zeigte, dass die Ressourcen der Erde begrenzt sind und unser gewaltiger Energieverbrauch eine schädliche Klimaveränderung bewirkt.

Ende des letzten Jahrhunderts begann dann das Verständnis für die Klimaprobleme in der Bevölkerung zu wachsen. Es entstanden Umweltschutzorganisationen, die immer mehr Bedeutung und Einfluss bekamen. Sie wollten durch mehr basisdemokratische Maßnahmen eine breite Bevölkerungsschicht einbeziehen und das weitverbreitete, egoistische Denken durch ein Verantwortungsgefühl für die Menschengemeinschaft und die Umwelt ersetzen. Und heute leben wir in einem Kampf zwischen den großen Weltwirtschaftsunternehmen und den Naturschützern um die Planung der zukünftigen Maßnahmen.

Seit anfangs des Jahres 2020 haben wir noch ein drittes Machtelement, das die Oberhand gewinnen möchte: die COVID-19-Pandemie, die das Gesundheitswesen als Kampfgenosse hat. Zurzeit, da ich diese Zeilen schreibe, sind wir im zweiten Lockdown und fragen uns, ob noch eine dritte Welle auf uns zukommt, ausgelöst durch eine der drei momentan bekannten Virusvarianten von England, Südafrika oder Brasilien.

Wie soll es nun weitergehen? Werden wir den Corona-Virus endgültig ausmerzen können oder müssen wir uns irgendwie mit ihm arrangieren? Wird sich die Menschheit und die großen Weltwirtschaftsfirmen so einsichtig zeigen, dass sie auf die Umwelt und die Klimaveränderung Rücksicht nehmen und sich einschränken? Oder werden Erde und Natur ihre Kraft und Mächtigkeit zeigen und uns von unserem überheblichen Sockel stürzen und eine ganz andere Lebensweise aufzwingen?

Wie es ausgehen wird, können wir heute nicht abschätzen. Aber eins wissen wir: Es gibt drei aktuelle Philosophien, die durch drei Gruppen von Menschen vertreten werden. Dazu kommen noch die verschiedenen Nationen, die möglichst viel Macht an sich reißen möchten. Jeder Mensch ist frei, sich einer dieser Gruppen anzuschließen und die anderen zu bekämpfen. Die mächtigste Gruppe wird sich durchsetzen, aber ob dies für die Menschheit die beste Lösung sein wird, ist fraglich. Wir müssen einen gemeinsamen Weg finden, ohne die anderen zu verurteilen und zu bekämpfen.

Doch vorab die wichtigste Frage ist wohl die: „Wollen wir uns weiterhin bekämpfen oder wollen wir zusammenarbeiten?" Wenn du zurückdenkst, was in früheren Kapiteln dieses Buches geschrieben stand, dann erinnerst du dich noch an den Titel „Liebe deine Feinde". Dies gilt nicht aus selbstloser Großherzigkeit, sondern aus der klaren Einsicht, dass ich dem Gegner durch meine Emotionen nicht noch Energie geben will. Nur wenn wir gemeinsam am gleichen Strick ziehen, können wir unser Schifflein aus der Gefahrenzone ziehen.

Jede der drei Gruppen hat mit ihrer Überzeugung recht, also sollten die beiden anderen diese nicht bekämpfen, sondern sich eingestehen, dass es nun einmal verschiedene Ansicht gibt und keine davon falsch ist. Diese neue Einstellung – das *integrale* Denken – verlässt das überlieferte „Entweder-oder-Denken" zugunsten des integrierenden „Sowohl-als-auch-Denkens". Alles was ist, wird akzeptiert, nichts wird ausgeschlossen.

Das integrale Verhalten ist ein neuer Evolutionsschritt unseres Bewusstseins und es ist Zeit, dass wir uns langsam aber stetig mit ihm vertraut machen. Da er das Trennende überwindet und das Verbindende fördert, basiert er auf der verbindenden Energie: der Liebe. Die Angst und das sich Bekämpfen gehören zur trennenden Energie und die bedingungslose Liebe ist die verbindende Energie, die alles zusammenführt, bis es zum All-Eins-Sein wird.

Bisher wurde das menschliche Verhalten hauptsächlich durch unseren Verstand bestimmt, denn wir identifizierten uns meistens mit unserem Ego. Das neue, integrale Verhalten, das durch das Verbindende, die Liebe, gesteuert wird, verlangt von uns den Einbezug unseres Herzens mit den dadurch verbundenen Emotionen des Mitgefühls und der Barmherzigkeit. Dies ist eine gewaltige Herausforderung für die Menschheit, vergleichbar mit der Einführung des Christentums, der wissenschaftlichen, der französischen und der technischen Revolution. Aber sie ist in der Entwicklung der Menschheit als nächster Schritt vorgesehen.

Wir sind frei in unserer Entscheidung, ob wir diese Herausforderung annehmen wollen oder nicht. Aber wir müssen uns klar sein, wir sind Mitschöpfer. Wir sind Mitbestimmer unseres Lebens und der Lebensumstände. Wir dürfen uns nicht als arme Opfer beklagen, wenn sich die Welt anders entwickelt, als wir es uns wünschen. Ursache und Wirkung gehören zusammen. Was wir säen, müssen wir auch ernten. Und darum müssen wir uns sehr gut überlegen, welchen Weg wir einschlagen. Unser Leben in der Dualität ist mit stetigen

Fehlern verbunden, aber unsere Einsicht sollte mit der Zeit wachsen und verhindern, dass wir immer wieder die gleichen Fehler machen.

Diese Umstellung kommt sicher nicht von einem Tag auf den andern. Zuerst muss diese Philosophie oder Einsicht unter der Menschheit verbreitet werden. Die meisten Menschen werden darauf mit Skepsis oder Ablehnung reagieren, denn sie scheint uns weltfremd. Dabei ist es heute mehr denn je wichtig und gefordert, dass bei möglichst vielen Menschen die Zuversicht gefördert wird, damit die Schwingung auf unserem Planten erhöht wird.

14. Was ist wichtig im Leben?

Da gibt es einmal die banalen Sachen des Alltags wie Nahrung, Unterkunft und Kleidung. Dann hat jeder Mensch seine besonderen Vorlieben, die für ihn wichtig sind. Der eine sucht die Nähe zur Natur, ein anderer will dauernd Betriebsamkeit, ein dritter möchte beruflichen Erfolg haben und reich werden und ein weiterer möchte eine große, glückliche Familie haben. Dies sind alles sehr berechtige Anliegen. Hier geht es mir aber um Generelles, allen Menschen übergeordnete Ziele.

Wenn wir uns an das Kapitel „Was ist der Sinn des Lebens" zurückerinnern, so denken wir an Schritte in unserem Leben, die wir machen können, um wieder mehr Nähe zu Gott zu erreichen, um irgendwann, vielleicht in einem späteren Leben eine Vereinigung mit Gott wieder zu erreichen. Dieses Ziel ist zwar paradox, denn eigentlich haben wir die Einheit mit Gott nie verlassen. Aber mit der Erlangung unseres Bewusstseins (Baum der Erkenntnis) fühlten wir uns plötzlich getrennt von Gott. Dies war der Wille Gottes, dass wir die Einheit mit ihm vergessen, um irgendwann in unserem Evolutionsprozess die Täuschung der Trennung zu erkennen und wieder in der Einheit mit Gott leben zu können. Das ist dann die Rückkehr ins Paradies, wo wir am Anfang unseres Prozesses schon waren. Aber damals waren wir noch unbewusst, das heißt, wir waren uns noch nicht bewusst, dass wir im Paradies leben, da wir nichts anderes kannten. Wir mussten auf unserem Weg zuerst in die Dualität und dort all die vielfältigen Erfahrungen machen, um zu erkennen, dass wir in der ganzen Zeit unseres Lebens in der Dualität nicht von Gott getrennt waren, da dies gar nicht möglich ist, da Gott als das All-Eins-Sein alles umfasst.

Daher ist es in unserem Leben wichtig, uns immer wieder bewusst zu sein, dass die Trennung von Gott und den anderen Geschöpfen auf Erden eine Illusion unseres Egos ist. Wenn wir uns bewusst sind, dass wir von unserem Gegner oder Konkurrent nur scheinbar getrennt sind, weil unser Ego sich dies einbildet, dann erkennen wir auch, dass wir diese nur bekämpfen können, wenn wir uns mit unserem Ego identifizieren. Wie wir aber schon im ersten Kapitel dieses Buches gelernt haben, ist dies nur *eine* Möglichkeit unserer Identifikation. Es ist zwar die bei den meisten Menschen verbreitetste Ansicht, da sich bis heute nur wenige Menschen Gedanken über ihr ursprüngliches Wesen machen. Damit wir Menschen in der Evolution unseres Bewusstseins Fortschritte machen und dies ist dringend erforderlich, wenn wir unsere Umwelt und unsere Zukunftsaussichten betrachten, ist es daher erstrebenswert, möglichst oft achtsam zu sein, mit wem oder was ich mich identifiziere und mich entsprechend zu verhalten.

Die Frage in diesem Kapitel: „Was ist wichtig im Leben?", betrifft daher die Frage, „Was ist wichtig, um die Einheit mit Gott wiederzuerkennen?" Die Antwort auf diese Frage ist erstaunlich einfach: „Alles, was uns im Leben mit anderen Lebewesen und insbesondere mit anderen Menschen verbindet, fördert die Einheit mit ihnen und damit die Einheit mit Gott, da alle Wesen ein Aspekt Gottes sind."

Die einzigen bedeutungsvollen Fragen sind nun: „Was kann ich tun, um die Nähe zu anderen Menschen und Lebewesen zu fördern?" Und „Können wir erkennen, dass es eigentlich nur zwei wesentliche Energien und Beweggründe in unserem Leben gibt?" Dies sind:

- Die Angst: Sie beherrscht überwiegend unser Leben. Wir haben Angst zu kurz zu kommen, Angst, nicht genügend zum Leben zu erhalten, Angst vor dem Sterben, Angst zu

versagen oder den Anforderungen nicht zu genügen, Angst vor dem Einsamsein, Angst den von uns erworbenen Besitz zu verlieren, vielleicht Angst vor Spinnen oder 1 000 anderen Sachen. Was macht die Angst mit uns? Was löst sie in uns aus? Wir fühlen uns minderwertig, schlecht, verunsichert, hilfsbedürftig und allein, getrennt von den anderen, einsam. Die letztgenannten Eigenschaften sind wohl die wichtigsten, das sich Allein-Fühlen, das Getrennt-Sein von den anderen. Wir stehen in Konkurrenz zu den anderen. Wir müssen schauen, dass wir nicht zu kurz kommen in der Liebe, beim Essen und im Beruf. Wir kämpfen gegen die anderen für all das, was wir glauben nicht oder zu wenig zu haben und dieser Kampf gegen die anderen trennt uns von ihnen.
- Die andere wesentliche Energie ist die Liebe. Sie verbindet uns mit allem, was wir lieben. Alles was wir lieben, möchten wir möglichst oft um uns haben. Da all das, was wir in unserem Alltag antreffen, ein Aspekt Gottes ist, führt uns die Liebe zu jedem dieser Aspekte näher zu Gott. Liebe verbindet uns untereinander und stärkt damit unser Einssein in Gott.

In den christlichen Kirchen werden Lieder gesungen, in denen es heißt „Gott ist die Liebe …". Dies ist aber nur die halbe Wahrheit. Gott ist *auch* Liebe, aber er ist noch vieles mehr, denn in Gott ist alles vereint. Gott ist das All-Eins-Sein. Darum ist in Gott auch der Teufel, die Wut und die Angst. Aber weil in Gott alles eins ist, führen vereinigende Kräfte zu Gott hin und die Liebe oder das Mitgefühl und die Barmherzigkeit sind solche, vereinigende Energien.

So weit ist alles klar. Die Frage stellt sich vielleicht dadurch, dass Liebe ein sehr vielschichtiger und abstrakter Begriff ist. Hier ist natürlich die bedingungslose Liebe gemeint und nicht die besitzergreifende Ego-Liebe. Die bedingungslose Liebe, wie wir sie durch Jesus von Nazareth kennengelernt haben, äußert sich in Mitgefühl und Barmherzigkeit. Um Mitgefühl und Barmherzigkeit zu zeigen, müssen wir unser Ego zurücknehmen. Wie wir in früheren Kapiteln schon gesehen haben, lebt unser Ego im Mangel und kämpft stets, damit es nicht zu kurz kommt, denn es glaubt von Gott getrennt zu sein. Um uns nicht mit unserem Ego zu identifizieren, müssen wir *achtsam* sein. Wenn wir dies einmal erkannt haben, ist Achtsamkeit eine Übungssache. Wir dürfen nicht einfach mit unserem Alltagsbewusstsein in den Tag hineinleben, sondern sollen uns immer wieder fragen: „Mit was identifiziere ich mich im Augenblick?" Diese Aufmerksamkeit haben wir schon im 7. Kapitel als *Bewusstheit* bezeichnet. Aber weil dieses Thema so eminent wichtig ist, wollte ich in diesem Kapitel nochmals darauf zurückkommen.

Beim Mitgefühl versetzen wir uns in einen anderen Menschen oder eine andere Kreatur. Dazu müssen wir unseren Verstand ausschalten, nicht urteilen und werten, sondern versuchen, uns in den anderen hineinzufühlen. Dies fällt den Frauen meistens leichter als us Männern, da wir eher Verstandeswesen sind und die weiblichen Wesen uns in der Gefühlswelt meistens überlegen sind.

In unserer Kultur, in der die Männer immer noch dominant sind, ist Mitgefühl keine Selbstverständlichkeit. Hier gilt die Macht des Stärkeren oder bestenfalls das Gesetz und die Verurteilung bei dessen Übertretung. Darum ist es wichtig, dass in unserer Gesellschaft mehr Frauen in verantwortungsvolle Stellungen kommen und wir Männer uns vermehrt trauen, unsere Gefühle zu leben und zu zeigen.

Barmherzigkeit ist verwandt mit Mitgefühl. Vielleicht ist Mitgefühl sogar eine Voraussetzung, um barmherzig sein zu können. Barmherzigkeit ist ein Gegenspieler der Unmenschlichkeit, der Quälerei, der Härte, der Grobheit, der Grausamkeit. Sie ist ein Freund der Güte, der Sanftmut, der Anmut. Barmherzigkeit ist unter den Tugenden wie der Mond unter den Gestirnen.

Barmherzigkeit verleiht uns eine starke Kraft. Barmherzigkeit öffnet die Tür zu Freiheit und tiefer Glückseligkeit. Sie macht das begrenzte Herz so weit wie den Himmel. Sie verleiht Flügel, um hoch in das Königreich des höchsten Friedens aufzusteigen. Barmherzigkeit wandelt dich zu Göttlichkeit. Barmherzigkeit ist wie Nektar, sie ist das wahre Kennzeichen oder Symbol der hohen Gesinnung. Barmherzigkeit ist die himmlische Fülle der Gnade und der Liebe. Sie ist wie ein Magnet.

Vielleicht glauben einige Leserinnen/Leser, dass Barmherzigkeit auch umschrieben werden kann mit „Gnade vor Recht". Bei genauer Betrachtung kann dies aber nicht stimmen. Recht ist ein Begriff auf der intellektuellen oder Verstandesebene. Barmherzigkeit erfolgt aber auf der emotionalen oder Herzensebene.

Alle Menschen haben drei Bedürfnisse:

- Liebe
- Freiheit
- Sicherheit

Darin liegt aber ein Widerspruch. Wenn wir von Liebe reden, meinen wir meistens die romantische oder die besitzergreifende Liebe und die macht nicht frei, sondern bindet uns an das Liebesobjekt. Und diese Liebe gibt uns nur eine scheinbare Sicherheit. Der geliebte Mensch kann sich jederzeit von uns abwenden und wenn wir unsere Freiheit in der Beziehung zu stark leben, geben wir dem Partner vielleicht den Anlass dazu.

Freiheit und Sicherheit sind grundsätzliche Gegensätze und schließen einander aus. Daher können wir Menschen in unserem Leben nie alle unsere Bedürfnisse stillen. Darüber sollten wir uns bewusst sein und uns auf einen Kompromiss einlassen. Erst in unserem Endzustand, wenn wir wieder im Paradies sind, sind alle drei Bedürfnisse erfüllt. Daher haben wir im irdischen Leben eine unbestimmte Sehnsucht nach etwas Unbekannten. Wenn wir uns diesem Zusammenhang aber bewusst sind, kann das Leben spannend und befriedigend sein.

Nun ist eigentlich alles gesagt. Die Vision, die dieses Buch vermitteln will, ist ausführlich beschrieben und es sind auch wichtige Faktoren aufgezeigt, um diese Vision Wirklichkeit werden zu lassen. Aber Wunder passieren selten. Es wird nicht jemand kommen und alles für uns richten. Wir müssen selbst aktiv werden. Wenn jeder Mensch achtsam ist und sich bei seinem Verhalten stets bewusst ist, dass es voller Liebe, Mitgefühl und Barmherzigkeit ist, dann werden wir die Energie der Erde stetig erhöhen, bis unsere Vision Tatsache geworden ist. Es wird wohl einige Zeit benötigen, denn wir sind keine Übermenschen, doch darauf möchte ich im nächsten Kapitel eingehen.

15. Wasser predigen und Wein trinken

Im Dezember 2020 mitten in der zweiten Welle der COVID-19-Pandemie tagte der Schweizerische Nationalrat und beschloss sehr strenge Maßnahmen für die Bevölkerung über die kommenden Weihnachstage. Nach der Abstimmung wurden einige Nationalräte beim Verlassen des Bundeshauses interviewt und gefragt, ob sie sich selbst an die beschlossenen Vorschriften halten würden. Zum großen Erstaunen des Reporters erklärten mehrere Politiker, dass sie eine größere Familie haben, die aus mehreren Haushalten bestehe und sie trotz dem Verbot sich mit der ganzen Familie treffen und feiern würden. Müssten Politiker nicht in einem gewissen Maß Vorbilder sein und sich an die im Rat beschlossenen Vorschriften halten, auch wenn sie selbst vielleicht dagegen gestimmt haben? Das ist für mich ein Beispiel für die Metapher von Wasser predigen und Wein trinken.

Mir selbst wurde auch schon mehrfach vorgeworfen, ich täte Wasser predigen und Wein trinken. Zum Beispiel, wenn ich in diesem Buch über große Visionen schreibe, die ich aber selbst nicht lebe. Darum möchte ich hier erklären, was ich darunter verstehe. Wenn ich zur Überzeugung gekommen bin, dass es gut ist, immer in bedingungsloser Liebe zu handeln, aber selbst doch noch schwach bin, werte und urteile, wem ich meine Liebe geben will, so fällt dies für mich nicht unter das Motto „Wasser predigen und Wein trinken", denn ich predige das niemandem. Das heißt, ich sage nicht: «Ihr sollt alle bedingungslos lieben, sonst kommt ihr in die Hölle." Sondern ich formuliere ein Ziel, das ich irgendwann erreichen möchte. Es ist etwas, worauf ich hinarbeite, mich bemühe, aber öfters wieder versage, wie bei so vielem im Leben. Ich bin nicht vollkommen, aber ich habe Ziele und Vorbilder, nach denen ich mich richte. Ich kann meine Überzeugung auch anderen Menschen mitteilen, da ich sie für etwas Stärkendes, Aufbauendes halte. Für mich der wichtigste Punkt ist der, dass ich niemanden kritisiere oder verurteile, der noch nicht alle Menschen bedingungslos lieben kann. Auch mich selbst will ich nicht verurteilen, denn wir haben alle Fehler und Unvollkommenheiten. Das gehört zum Menschen. Wenn es nicht so wäre, könnten wir gar nichts lernen und uns weiterentwickeln. Unser Leben wäre sinnlos.

Wenn ich über den Sinn der bedingungslosen Liebe spreche, so verkünde ich meine Vision und überlasse es der Leserin, dem Leser, was sie/er davon übernehmen will. Ich formuliere ein Ziel, das ich erstrebenswert finde, aber als unvollkommener Mensch bin ich noch weit davon entfernt. Ich kann und will noch lernen und üben.

Etwas anderes wäre es, wenn ich anderen Menschen Vorschriften machen oder ein bestimmtes Verhalten verlangen würde. Zum Beispiel, wenn ich von meinen Kindern verlangen würde, dass sie beim Betreten der Wohnung immer ihre Hausschuhe anziehen. Ich selbst mache es aber nicht, weil ich glaube, dass meine Schuhe sauber sind.

Ich bemühe mich stets, andere nicht zu kritisieren, die sich nicht so verhalten wie ich. Auch dies ist wieder ein Vorsatz oder ein Ziel, das ich noch lange nicht immer erreiche. Gerade in der Zeit der COVID-19-Pandemie gibt es unterschiedliche Standpunkte, die nur schwer unter einen Hut zu bringen sind. Ich trage nur sehr ungern eine Schutzmaske, aber ich halte mich an die geltenden Vorschriften, da ich akzeptiere, dass gewisse Schutzmaßnahmen notwendig sind zum Wohl der gesamten Bevölkerung. Ich muss zugeben, dass es mir schwerfällt Maskenverweigerer liebevoll anzunehmen, und sie nicht als asoziale Egoisten ohne Rücksichtnahme auf Risikopersonen abzustempeln. Auch hier darf ich noch etwas lernen.

Wenn ich diese Maskenverweigerer innerlich verurteile und selbst auch nur *ein* Mal gegen die Vorschriften verstoße – was immer wieder vorkommt, da ich sicher nicht perfekt bin –, dann komme ich in die Nähe des Spruches „Wasser predigen und Wein trinken". Wenn ich dann noch zu solchen Menschen eine entsprechende Bemerkung machen würde, dann verhielte ich mich ganz nach diesem Spruch.

Da ich mehrere herausfordernde Ansichten und Visionen habe, komme ich immer wieder in die Situation, dass ich diese im Alltag nicht einhalten kann. Darum muss ich leider den Vorwurf akzeptieren, dass ich gelegentlich „Wasser predige und Wein trinke". Aber ich bemühe mich, mich zu bessern, doch dies gelingt mir nicht immer. Wenn ich eine Vision habe und weit vor mir einen Pflock einschlage und mich langsam dahin vorarbeite und dabei auftauchende Hindernisse umgehe und oft einen weiten Umweg mache, so kann ich diese Vision unterwegs noch nicht leben, auch wenn ich zu vielen Menschen davon spreche.

Ich möchte mein Verhalten am Beispiel eines Bergsteigers erläutern, der vielleicht von weither kommt, um durch eine steile Felswand zu klettern und dann nach vollbrachter Leistung auf dem Gipfel ein zufriedenes Glücksgefühl zu erleben. Schon während der Autofahrt denkt er ans gute Gefühl beim Klettern, aber er hat dieses Ziel noch nicht erreicht, er muss sich noch auf den Straßenverkehr konzentrieren. Dann steigt er aus dem Auto aus und muss noch zu Fuß auf dem Bergpfad wandern, bevor er mit dem Klettern beginnen kann. Erst am Fuße der steilen Felswand kann er beginnen, das zu verwirklichen, von dem er schon lange geträumt und über das er schon zu vielen Leuten gesprochen hat.

Aus meiner Sicht ist es auch wichtig zu erkennen, warum ich oder sonst jemand etwas sagt oder eben predigt. Soll durch die Predigt anderen Menschen ins Gewissen geredet werden, um ihnen damit Gewissensbisse zu verursachen, zum Beispiel als Strafpredigt oder durch Abkanzeln? Oder soll mit der Predigt eine positive, aufbauende Idee verbreitet und gestärkt werden? Es ist wichtig, welche Motivation hinter der Predigt steckt. Aber es braucht auch bei der liebevollsten Botschaft Einfühlungsvermögen, damit sie beim Empfänger nicht als Gebot für eine Veränderung im Denken oder Verhalten aufgefasst wird. Auch gut gemeinte Ratschläge wirken oft als Schläge und die hat niemand gern.

Für mich ist es tröstlich, dass ich glaube, dass Gott alle Menschen bedingungslos liebt. Das heißt, er liebt auch mich, trotzdem ich oft versage. Und wenn Gott mich liebt, so darf wohl auch ich mich lieben und muss keine Minderwertigkeitsgefühle haben, auch wenn ich nicht alles, wovon ich träume, schon im Alltag leben kann, aber über das ich mit anderen Menschen als erstrebenswertes Ziel spreche.

16. Anregungen für den Alltag

Hier findest du einige Anregungen, um dein Leben und dadurch auch dasjenige anderer Menschen problemloser und glücklicher zu gestalten:

1. Sag „ja" zu deinem Leben. Fühle dich nicht als Opfer. Alles, was du erlebst, hat einen Sinn und will dich weiterbringen in deiner persönlichen Entwicklung.
2. Verurteile niemanden. Jeder Mensch glaubt, sein derzeitiges Verhalten sei für die zurzeit herrschenden Umstände das richtige.
3. Akzeptiere alle Menschen so, wie sie sind. Jeder Mensch muss gelegentlich Fehler machen. Es braucht solche nicht weiterführende Entscheidungen, damit er etwas lernen und seinen Weg erkennen kann.
4. Bekämpfe nichts und niemanden, denn dadurch gibst du dem, das du ablehnst und bekämpfst deine Energie. Richte deine Gedanken und dein Handeln auf das, was du fördern möchtest.
5. Vergib dir und allen Menschen alle gemachten Fehler, auch wenn sie dich dadurch verletzt haben. Damit zeigst du, dass du den Sinn des Lebens erkannt hast.
6. Richte dein Denken und dein Verhalten auf das, was dir Freude macht, dich von deinen Zwängen und einengenden Verhaltensmustern befreit und dich in Liebe mit den Menschen und der Natur verbindet.
7. Sei bestrebt bei dir und allen anderen Geschöpfen unnötiges Leid zu vermeiden. Solange du in der Liebe bist, brauchst du keine Vorschriften und Gesetze und du bist frei in deinem Denken und Tun.

8. Deine Wahrheit liegt in dir. Was andere sagen, ist für dich nur eine Anregung zum Nachdenken, um in deinem Herzen deine eigene Wahrheit zu finden.
9. Habe den Mut deine eigene Wahrheit zu leben, aber ohne anderen zu schaden und ohne andere damit absichtlich zu provozieren. Anerkenne, dass alle anderen Menschen auch ihren freien Willen und ihre eigene Wahrheit haben, ohne sie von deiner Wahrheit überzeugen zu wollen.
10. Kein Mensch ist besser oder liebenswerter als ein anderer. Alle sind Aspekte Gottes (resp. der Quelle) und werden von Gott gleichermaßen geliebt. Alle Menschen sind inkarniert, um zu ihren Lebensthemen Erfahrungen zu machen.
11. Sei dir stets bewusst, dass alle deine Gedanken, Emotionen und Taten Energie enthalten, die du aussendest. Sie wird oft von anderen Menschen gespiegelt und fällt nach dem Gesetz von Ursache und Wirkung auf dich zurück.
12. Der Frieden auf Erden beginnt in unseren Herzen. Wenn du Frieden willst, so entscheide dich jetzt im Frieden zu sein, ohne noch vorher dies oder jenes haben oder tun zu wollen.
13. Lebe die Veränderung in deinem Leben, die du in der Welt sehen möchtest.
14. Liebe dich selbst und mache all das, was dir Freude macht. Aber achte dabei darauf, dass niemand unter deinem Verhalten leidet. Wenn du dich selbst liebst und voll Zufriedenheit und Freude bist, so verbreite diese stärkende und befreiende Energie bei deinen Mitmenschen. Wenn deine Mitmenschen von deiner Freude und Liebe erfüllt sind, so strahlen sie diese in ihre Umgebung aus und daher auch auf dich und allen geht es gut.
15. Was du nicht willst, dass man dir tu', das füg auch keinem anderen zu.
16. Wir sollen andere Menschen nicht verurteilen, aber verurteile auch dich selbst nicht. Wir sind alles unvollkom-

menen Menschen, die ihre Fehler haben und in diesem Leben unsere Erfahrungen machen müssen. Wenn wir unsere erkannten Fehler von Herzen bereuen und zu den mit unseren Fehlern verbundenen Energien stehen, so hat Gott uns mit seiner bedingungslosen Liebe alle unsere Fehler (Sünden) vergeben. Dann dürfen wir auch uns selbst unsere Fehler vergeben.

Wir können einen anderen Menschen nicht ändern.

Wenn wir mit einem anderen Menschen unterschiedlicher Ansicht sind oder Streit haben, so meinen wir oft, den anderen davon überzeugen zu müssen, dass wir Recht haben. Wir nennen den anderen einen Dummkopf (es gibt dafür noch viele wüstere Ausdrücke) und wollen dem anderen beibringen, dass er seine Ansicht ändern müsse. Wir vergessen dabei, dass wir einen anderen Menschen nicht ändern können, wenn er nicht will. Wenn wir auf ihn Druck ausüben, so wird er meistens mit Gegendruck antworten und die Situation versteift sich. Vielleicht *kann* der andere sich gar nicht ändern, weil er in der Evolution seines Bewusstseins noch gar nicht so weit ist. Wir dürfen ihn dafür nicht verurteilen, das wäre überheblich. Jeder Mensch hat seinen eigenen Prozess und daran ist nichts zu kritisieren. Er wird mit einem Seelenauftrag geboren und macht die Erfahrungen, die für ihn vorgesehen sind. Vielleicht besteht im Falle unserer Auseinandersetzung die einzige Lösung darin, dass wir selbst etwas lernen und unsere Einstellung verändern müssen, um eine friedliche Lösung zu erreichen. Dann müssten wir dem „Dummkopf" sogar noch dankbar sein, dass wir durch ihn einen Schritt weiterkommen konnten.

Ist es wichtiger in einer Konfliktsituation gegenüber einem anderen auf dem eigenen Standpunkt zu beharren, oder sollen wir nachgeben und in der Liebe bleiben? Wenn wir nicht stur bleiben und nachgeben, können wir vielleicht einen akzeptablen Kompromiss erreichen. Was ist wichtiger, eine konsequente Haltung oder Flexibilität? Wir wollen keine Wetterfahne sein und in jeder Situation eine andere Meinung vertreten, aber immer stur auf der eigenen Ansicht zu beharren, bringt Spannung und Trennung vom anderen. Es ist wichtig, dass wir uns bewusst werden, was für uns so essentiell ist, dass wir immer dazu stehen und was für uns weniger wichtig ist, sodass wir nachgiebig sein können. Wenn wir nach einem Satz des „Urwaldarztes" Albert Schweitzer (1875–1965) gehen, dann ist es klar: „Das einzige Wichtige im Leben sind die Spuren der Liebe, die wir hinterlassen, wenn wir weggehen."

Wirkungsvolles Beten und Bitten

Erkenntnisse aus der Quantenphysik zeigen, dass es ein Quantenfeld (Matrix, geistiges Feld oder Nullpunktfeld) gibt, welches das ganze Universum durchflutet. In ihm werden Informationen schneller als mit Lichtgeschwindigkeit weitergeleitet. In ihm wirken hochfrequente Energien als Form einer höheren Intelligenz. Durch dieses Feld ist alles mit allem verbunden. Wir Menschen sind Teil des Universums, nicht nur als Beobachter, sondern durch unsere Gedanken, Gefühle und Taten werden wir zum Mitschöpfer. Dieses Feld reagiert auf menschliche Gefühle, es verstärkt sie und spiegelt sie uns zurück.

Wir sollten daher nicht *für* etwas beten, denn dann sind wir im Mangel und das geistige Feld empfängt diese Information und sendet sie uns verstärkt zurück. Darum dürfen wir auch nicht *für* den Frieden beten, sondern wir sollen <u>Frieden beten</u>. Das heißt, dass wir in uns Frieden entstehen lassen und dieses Gefühl des vorhandenen Friedens in uns spüren und von uns ausstrahlen. Das geistige Feld verstärkt unsere Empfindungen und Gefühle und sendet sie über die ganze Erde.

Geht beim Beten oder Meditieren nicht in ein *Gefühl des Mangels*, sondern in das Gefühl, das ihr haben werdet, wenn das Erbetene sich verwirklicht hat. Fühlt Freude und vor allem Dankbarkeit, das ist das wichtigste Gefühl. Dies steht schon in der Bibel: „Alles, um was ihr betet oder bittet, glaubt (nur), dass ihr es empfangen habt und es wird euch zuteil werden." (Mar.11,24)

Beim Beten richten wir uns aber nur zu einem kleinen Teil an das Quantenfeld, sondern meistens an eine höhere geistige Ebene (Schutzengel, Erzengel, etc.) in denen andere Gesetze gelten. In der für mich höchsten, erkennbaren Ebene ist die bedingungslose Liebe die bestimmende Kraft und dort wird auch ein Mangelgebet verstanden, wenn es wirklich aus dem Herzen kommt.

Gedanken für eine langjährige, glückliche Partnerschaft

Akzeptiere deinen Partner in seiner zu dir unterschiedlichen Art. Versuche nicht ihn zu verändern, sondern liebe ihn, wie er ist und *sei dankbar* dafür, dass er eure Beziehung ergänzt und dir Gelegenheit gibt, dein Bewusstsein zu erweitern. Jedes Mal, wenn er dich ärgert und du Emotionen zeigst, so schaue in dich hinein und überlege dir, was in dir selbst dadurch berührt wird. Vielleicht ist es Zeit, dies jetzt aufzuarbeiten.

Bleibe aber in der Liebe zu dir selbst. Erlaube einem anderen nicht, dich zu schlagen oder zu erniedrigen. Setze deutliche Grenzen, aber ohne den andern zu verurteilen, denn auch er sehnt sich unbewusst nach Liebe. Was hier in der männlichen Form geschrieben steht, gilt natürlich auch in der weiblichen.

Anmerkung: Auch dir wird dies nicht immer gelingen. Aber mach dir deswegen keine Vorwürfe, denn „Nobody is perfect". Wir sind hier, um ein Leben lang zu lernen, sonst hätten wir keine Aufgabe mehr.

Vergebung bringt Frieden

Wenn wir uns für den Weltfrieden einsetzen und *Frieden beten* oder *Frieden meditieren*, so lassen wir zuerst ein Gefühl des inneren Friedens in uns entstehen. Durch das Quantenfeld (Matrix, geistiges Feld oder Quantenhologramm) wird unsere innere Friedensenergie ins Universum getragen.

Um aber wirklich im inneren Frieden zu sein, müssen wir allen Menschen vergeben, von denen wir glauben, dass sie uns etwas angetan haben, denn ohne Vergebung sind wir selbst nicht im Frieden und können uns daher auch nicht für den Weltfrieden einsetzen.

Dieses Vergeben fällt uns viel leichter, wenn wir einsehen, dass es eigentlich nichts zu vergeben gibt, da alles, was uns geschieht, seinen Sinn hat. Wir sind hier auf Erden, um Erfahrungen zu machen und da gehören auch solche dazu, die unser Ego ablehnt. In unserem Seelenauftrag sind sie aber enthalten. Meistens kennen wir unseren eigenen Seelenauftrag nicht und schon gar nicht denjenigen der anderen Menschen. Vielleicht verhalten sich diese uns gegenüber nur so, damit wir die für uns vorgesehenen Erfahrungen machen können. Wenn dem so ist, müssten wir ihnen sogar noch dankbar sein.

Vergebung befreit uns von unseren negativen Gedanken und Gefühlen. Wir werden liebevoller, unsere Energie wird dadurch heller. Unser Rucksack, den wir mit uns herumschleppen, wird leichter. Wir werden frei und öffnen uns für Neues.

17. Abschließende Gedanken

Zuerst möchte ich meinen Dank aussprechen an alle, die mich beim Schreiben dieses Buches unterstützt haben. Mein Dank gilt insbesondere auch jenen, die mich geärgert haben oder sonstige Widerstände oder Emotionen in mir wachgerufen haben, denn dies gab mir immer wieder Gelegenheit, ein Thema bei mir selbst anzuschauen. Ganz speziell möchte ich meiner Frau Barbara danken für die Geduld und das Verständnis, die sie mir über viele Jahre entgegengebracht hat.

Danken möchte ich auch dir liebe Leserin, lieber Leser, für dein Interesse und deine Ausdauer, dass du das Buch bis zum Schluss gelesen hast (oder als gewiefte Leserin viele Seiten übersprungen, aber die letzten Worte doch noch betrachtest). Ich hoffe, dass dieses Buch eine kleine Veränderung in deinem Leben bewirken kann. Dann hat es seinen Zweck erfüllt.

Literaturverzeichnis

Grundlagen für dieses Buch:
- Beck Don, Cowan Chr. : Spiral Dynamics
- Braden Gregg: Im Einklang mit der göttlichen Matrix
- Hulnick R. + M.: Mein Seelenauftrag
- Jäger Willigis: Die Welle ist das Meer
- Küstenmacher M. + W., Haberer T.: Gott 9.0
- Schelp Hasso: Meister Eckhart, Wo Gott keinen Namen hat
- Tipping Colin: Ich vergebe
- Walsch Neale: Gemeinschaft mit Gott
- Wülser Rainer: Entdecke die Kraft in dir

Weiterführende Literatur:
- Barrett Sondra: Das Geheimnis unserer Zellen
- Braden Gregg: Verlorene Geheimnisse des Betens
- Dürr Hans-Peter: Wir erleben mehr als wir begreifen
- Knapp Natalie: Der Quantensprung des Denkens
- Lipton Bruce: Intelligente Zellen
- Lipton Bruce: Der Honeymoon-Effekt
- Marti Lorenz: Wie schnürt ein Mystiker seine Schuhe?
- Meierhans Hedi: Hinter den Kulissen der Welt, ewige Ruhe?
- Pert Candace: Moleküle der Gefühle
- Tolle Eckhart: Eine neue Erde
- Vollbehr Hartwig: Was die Welt zusammenhält
- Walsch Neale Donald: Gespräche mit Gott
- Wilber Ken: Integrale Meditation
- Wilber Ken: Integrale Spiritualität
- Zeilinger Anton: Einsteins Schleier
- Zink Jörg: Dornen können Rosen tragen

Zum Hauptthema dieses Buches, der bedingungslosen Liebe als Zusammenführung von allem mit allen, fand ich keinen Hinweis in der Literatur.

Der Autor

Rainer Wülser, geboren 1939, lebt in Winterthur, Schweiz. Er studierte ursprünglich Maschinenbau und war viele Jahre im Personalwesen tätig. Durch verschiedene Vorkommnisse in seinem Leben begann er, sich für Lebens- und Glaubensfragen zu interessieren und veröffentlichte schon zwei Bücher über die Entwicklung unseres Bewusstseins.

novum VERLAG FÜR NEUAUTOREN

Der Verlag

*Wer aufhört
besser zu werden,
hat aufgehört
gut zu sein!*

Basierend auf diesem Motto ist es dem novum Verlag ein Anliegen neue Manuskripte aufzuspüren, zu veröffentlichen und deren Autoren langfristig zu fördern. Mittlerweile gilt der 1997 gegründete und mehrfach prämierte Verlag als Spezialist für Neuautoren in Deutschland, Österreich und der Schweiz.

Für jedes neue Manuskript wird innerhalb weniger Wochen eine kostenfreie, unverbindliche Lektorats-Prüfung erstellt.

Weitere Informationen zum Verlag und
seinen Büchern finden Sie im Internet unter:

w w w . n o v u m v e r l a g . c o m

Bewerten Sie dieses Buch auf unserer Homepage!

www.novumverlag.com